Formulário de
CONSAGRAÇÕES UMBANDISTAS

LIVRO DE FUNDAMENTOS

Rubens Saraceni

Formulário de
CONSAGRAÇÕES UMBANDISTAS

LIVRO DE FUNDAMENTOS

MADRAS®

© 2023, Madras Editora Ltda.

Editor:
Wagner Veneziani Costa (*in memoriam*)

Produção e Capa:
Equipe Técnica Madras

Revisão:
Wilson Riyoji
Elaine Garcia
Arlete Genari

Dados Internacionais de Catalogação na Publicação (CIP)
(Câmara Brasileira do Livro, SP, Brasil)

Saraceni, Rubens
Formulário de consagrações umbandistas/Rubens Saraceni. – São Paulo: Madras, 2023.
5 ed.
ISBN 978-85-370-0535-4
1. Consagração - Formulários 2. Umbanda (Culto)
I. Título.
09-09332CDD-299.673

Índices para catálogo sistemático:
1. Consagrações umbandistas: Formulários:
Religião 299.673
2. Umbanda: Consagrações: Formulários:
Religião 299.673

Proibida a reprodução total ou parcial desta obra, de qualquer forma ou por qualquer meio eletrônico, mecânico, inclusive por meio de processos xerográficos, incluindo ainda o uso da Internet, sem a permissão expressa da Madras Editora, na pessoa de seu editor (Lei nº 9.610, de 19.2.98).

Todos os direitos desta edição reservados pela

MADRAS EDITORA LTDA.
Rua Paulo Gonçalves, 88 – Santana
02403-020 – São Paulo – SP
Tel.: (11) 2281-5555 – (11) 98128-7754
www.madras.com.br

Índice

Apresentação 11
Introdução 13
Livro de Fundamentos da Umbanda 17
Umbanda, Religião e Magia 19
As Guias ou Colares 23
As Cores de Colares, Braceletes, Pulseiras, Anéis, Tiaras, etc. ... 29
    Os colares ou "guias" 29
Para que Servem os Colares Usados na Umbanda 33
As Correspondências Energéticas I 35
As Correspondências Energéticas II 39
As Correspondências Energéticas III 43
    Consagrações na força dos orixás 43
    Horários e luas 43
    Consagrações 43
    Campos vibratórios 44
    Saudação às forças da natureza 45
    Apresentações na irradiação dos orixás 47
    Regra geral 48
    Recomendações para fazer as consagrações 49
Consagrações na Irradiação de Iemanjá 51
    Como entrar no centro-neutro de Iemanjá 51
    Apresentação na irradiação de Iemanjá 52
    Oração consagratória a Iemanjá 53
    Ordem de consagrações para Iemanjá 53
    1ª Consagração a Iemanjá: na água (à beira-mar) 54
    2ª Consagração a Iemanjá: na terra 54
    3ª Consagração a Iemanjá: no vegetal 54
    4ª Consagração a Iemanjá: no mineral 54
    5ª Consagração a Iemanjá: no cristal (no tempo) 55
    6ª Consagração a Iemanjá: no ar 55

7ª Consagração a Iemanjá: no fogo 55
Consagrações na Irradiação de Ogum 57
    Oração consagratória a Ogum 58
    Procedimentos para entrar na irradiação de Ogum 58
    Apresentação dos objetos na consagração de Ogum 59
    1ª Consagração a Ogum: no ar (em um campo aberto) 60
    2ª Consagração a Ogum: no fogo (perto de uma pedreira) 60
    3ª Consagração a Ogum: nos minerais (perto de uma cachoeira) 61
    4ª Consagração a Ogum: na terra (em um solo arenoso) 61
    5ª Consagração a Ogum: na água (à beira-mar ou beira-rio) 61
    6ª Consagração a Ogum: no vegetal (em um bosque ou mata) 62
    7ª Consagração a Ogum: no cristal (em um descampado) 62
Consagrações na Irradiação de Xangô 65
    Oração consagratória a Xangô 66
    Os sete mistérios de Xangô 66
    Como entrar nos domínios de Xangô 66
    Apresentação dos objetos a serem consagrados ou que já
    foram consagrados 67
    1ª Consagração a Xangô: no fogo (em uma pedreira) 68
    2ª Consagração a Xangô: no ar (em uma pedreira) 69
    3ª Consagração a Xangô: na terra (em solo arenoso) 69
    4ª Consagração a Xangô: no cristal (em uma pedreira) 69
    5ª Consagração a Xangô: no mineral (em uma pedreira) 70
    6ª Consagração a Xangô: no vegetal (em uma pedreira) 70
    7ª Consagração a Xangô: na água (em uma pedreira) 70
Consagrações na Irradiação de Oxóssi 73
    Oração Consagratória a Oxóssi 75
    Apresentação dos objetos na irradiação de Oxóssi 75
    1ª Consagração a Oxóssi: no vegetal 76
    2ª Consagração a Oxóssi: na água 76
    3ª Consagração a Oxóssi: na terra 77
    4ª Consagração a Oxóssi: no fogo 77
    5ª Consagração a Oxóssi: no ar 77
    6ª Consagração a Oxóssi: no mineral 77
    7ª Consagração a Oxóssi: no cristal 78
Consagrações na Irradiação de Oxalá 79
    Oração Consagratória a Oxalá 81
    1ª Consagração a Oxalá: no Tempo (nos cristais) 82
    "Umbanda tem regras e procedimentos. É preciso conhecê-los
    e praticá-los!" 83
    2ª Consagração a Oxalá: na terra (à beira de um lago) 84
    3ª Consagração a Oxalá: à beira-mar 84
    4ª Consagração a Oxalá: no mineral 85

5ª Consagração a Oxalá: em um campo aberto ou à beira de
um caminho (estrada ou rodovia) 85
6ª Consagração para Oxalá: no vegetal 85
7ª Consagração a Oxalá: no fogo 86
Consagrações na Irradiação de Omolu 87
   1ª Oração consagratória: no cemitério! 89
   2ª Oração consagratória: à beira-mar! 89
   3ª Oração consagratória: no tempo! 89
   1ª Consagração na irradiação de Omolu: em um cemitério 90
   2ª Consagração na irradiação de Omolu: no mar 91
   3ª Consagração na irradiação de Omolu: no Tempo 92
Apresentação dos objetos a serem consagrados 94
   1ª Consagração a Omolu: no cemitério 95
   2ª Consagração a Omolu: à beira-mar 96
   3ª Consagração a Omolu: no Tempo 96
Consagrações na Irradiação de Oxum 97
   Oração consagratória a Oxum 99
   Apresentação dos objetos na irradiação de Oxum 100
   Consagrações na irradiação de Oxum 101
   1ª Consagração a Oxum: na sua irradiação concebedora
   da vida. Diante de uma fonte ou nascente 102
   2ª Consagração a Oxum: na sua irradiação concebedora
   do amor, diante de uma cachoeira 102
   3ª Consagração a Oxum: na sua irradiação concebedora
   da fé, no estuário de um rio, na junção dele, com um maior, ou às
   margens dele onde corre calmamente 103
   4ª Consagração a Oxum: na sua irradiação concebedora
   do saber, à beira de um lago 103
   5ª Consagração a Oxum: na irradiação concebedora do
   caráter, à margem de um rio em um dia chuvoso ou nublado 104
   6ª Consagração a Oxum: na irradiação concebedora da
   razão, em uma corredeira ou correnteza e, se houver, faça-a
   sobre uma pedra no meio da água, que servirá de mesa 104
   7ª Consagração a Oxum: na sua irradiação concebedora
   da criatividade, de frente para o mar 105
Consagrações na Irradiação de Oxumaré 107
   Oração consagratória a Oxumaré 110
   Apresentação dos objetos na irradiação de Oxumaré 111
   1ª Consagração a Oxumaré: no Tempo, em campo aberto 112
   2ª Consagração a Oxumaré: na cachoeira 112
   3ª Consagração a Oxumaré: no mar 112
   4ª Consagração a Oxumaré: no ar 112
   5ª Consagração a Oxumaré: no fogo, em uma pedreira 113

6ª Consagração a Oxumaré: na terra, em um solo arenoso 113
7ª Consagração a Oxumaré: no vegetal, em campo aberto
com vegetação baixa 113
Consagrações na Irradiação de Iansã 115
    Procedimento para entrar no campo vibratório de Iansã 122
    Procedimento para sair do centro-neutro da Iansã 123
    Oração consagratória a Iansã 123
    Apresentação dos objetos a serem consagrados na irradiação
    de Iansã 124
    1ª Consagração na irradiação movimentadora de Iansã 126
    2ª Consagração na irradiação direcionadora de Iansã: no ar 126
    3ª Consagração na irradiação ordenadora de Iansã: na pedreira. 126
Lenda de Obá, a Senhora dos Axés Concentrador, Fixador
e Condensador 129
Consagrações na Irradiação de Obá 137
    Oração consagratória a Obá: 139
    Apresentação dos objetos na irradiação de Obá 140
    1ª Consagração: na irradiação expansora de Obá 141
    2ª Consagração: na irradiação concentradora de Obá 141
    3ª Consagração: na irradiação fixadora de Obá 141
    4ª Consagração: na irradiação condensadora de Obá 142
    5ª Consagração: na irradiação delineadora de Obá 142
    6ª Consagração: na irradiação idealizadora de Obá 142
    7ª Consagração: na irradiação racionalizadora de Obá 142
Consagrações na Irradiação de Oroiná 145
    As orações consagratórias de Oroiná 148
    Como entrar no campo vibratório de Oroiná 148
    1ª Consagração na irradiação de Oroiná: nas pedreiras 149
    2ª Consagração na irradiação de Oroiná: no ar 150
Consagrações na Irradiação de Nanã 151
    Forma de entrar no centro consagrador de Nanã Buruquê 156
    Oração consagratória a Nanã Buruquê 157
    Apresentação do(s) objetos(s) a ser consagrado(s) ou
    já consagrado(s) na irradiação de Nanã 157
    1ª Consagração: na irradiação divisora do Tempo em eras
    cronológicas 158
    2ª Consagração: na irradiação imantadora do axé umidificador
    de Nanã Buruquê 158
    3ª Consagração: na irradiação delimitadora dos espaços 159
Consagrações na Irradiação de Obaluaiê 161
    Apresentação do objeto a ser consagrado na irradiação
    de Obaluaiê 166
    Oração consagratória a Obaluaiê 166
    1ª Consagração: na irradiação estabilizadora da vida 166

2ª Consagração: na irradiação sedimentadora do saber 167
3ª Consagração: na irradiação cadenciadora do tempo 167
4ª Consagração: na irradiação transmutadora das formas 167
5ª Consagração: na irradiação decantadora das ilusões 168
6ª Consagração: no mistério regenerador das formas 168
7ª Consagração: na irradiação combinadora de energias
(de axés) 168
Consagrações na Irradiação de Logunan 171
    Lenda de Logunan, a Mãe Orixá do Tempo e das Eras 175
    Oração Consagratória a Logunan 186
    Apresentação do objeto a ser consagrado ou sua
    reapresentação 187
    Entrada no centro-neutro de Logunan 187
    Consagração na irradiação de Logunan 188
Considerações Finais 191

Apresentação

Irmãos umbandistas, saudações!

É com imensa satisfação que colocamos à vossa disposição este livro que consideramos um marco na fundamentação ritualística da Umbanda, religião já com um século de existência e que ainda necessita recorrer a rituais alheios para a realização de certas cerimônias.

A todo instante há alguém precisando adaptar rituais ou cerimônias alheios nos terreiros de Umbanda porque, reconheçamos, nos faltam rituais genuinamente umbandistas.

Não que as adaptações não ajudem. Mas, como em toda e qualquer adaptação, elas são o que são: modificações para suprir lacunas e mais lacunas existentes na nossa religião!

Uma normatização é impossível, pois o que iríamos normatizar se temos muito pouco genuinamente nosso?

Uma codificação doutrinária encontra os mesmos obstáculos porque quase tudo na Umbanda é adaptação de coisas originais em outras religiões e que na nossa são cópias malfeitas ou elaboradas às pressas por pessoas nem um pouco preocupadas com as gerações futuras de umbandistas.

Nossa religião está tão carente que não são poucos os nossos médiuns que recorrem a livros doutrinários espíritas para entender suas faculdades mediúnicas.

Quando sugerimos uma normatização doutrinária, a maioria foi contra ou achou melhor deixar como estava para ver como ficava quando, na verdade, nem sabem o que significa normatizar.

Bem, nós não concordamos com o estado atual da Umbanda e não temos como reunir tantas cabeças "diferentes" em torno de um objetivo comum. Logo, que as gerações futuras não nos culpem ou nos chamem de omissos, porque tentamos e não conseguimos.

Mas, se por um lado nada é possível ainda, por outro lado (o espiritual), algumas coisas estão sendo feitas nesse sentido e este livro vem como uma contribuição magnífica no campo das consagrações, pois cada Orixá tem a sua forma de realizá-las e é preciso aprendê-las, caso alguém queira realmente fazê-las com fundamento e real funcionalidade magística e religiosa.

As formas de se entrar e de sair do campo vibratório astral dos Orixás aqui descritas são tão bem elaboradas e didáticas quanto fundamentadas nos seus magnetismos, vibrações, irradiações e mistérios.

Entendemos que pode parecer pretensão de nossa parte afirmarmos que, nesse campo, nada mais precisará ser escrito, pois aqui esgotamos esse assunto e preenchemos uma das mais gritantes lacunas entre as muitas existentes na Umbanda.

Nesse campo, que é o das consagrações, o "normatizamos" e quem quiser servir-se de tudo o que aqui foi descrito e ensinado passo a passo, com certeza colherá resultados magníficos e comprovadores do que afirmamos linhas atrás sem pretensão alguma.

Até ousamos afirmar que o que aqui descrevemos e ensinamos poderá auxiliar nossos irmãos seguidores de outros cultos afro-brasileiros, pois são consagrações genuinamente fundamentadas nos sagrados Orixás.

E, se intercalamos nas descrições das consagrações algumas novas lendas sobre os Orixás, foi para tornar o aprendizado prático mais agradável e mais fácil de ser assimilado.

As lendas aqui contadas são de nossa autoria e em nada contradizem as já existentes e tradicionais, e elas fazem parte de outro livro de nossa autoria que traz lendas belíssimas e inéditas sobre os Orixás construtores do mundo na morada exterior de Olodumaré (o mundo manifestado) que também, com certeza, virá preencher outra lacuna quando for publicado e colocado à disposição dos umbandistas, tão carentes de uma literatura própria e sempre obrigados a recorrer a mitos alheios sobre a origem da criação.

Só as lendas aqui colocadas já tornariam este um livro especial. Mas as consagrações fundamentadas nos mistérios dos sagrados Orixás o torna ímpar na Umbanda e inigualável por qualquer outro que aborde os assuntos aqui descritos e ensinados.

Irmãos umbandistas, aqui está o livro das Consagrações Mágico-Religiosas Umbandistas!

Leiam-no com atenção e com satisfação porque aqui não copiamos nada de ninguém, mas, recebemos dos mentores espirituais de Umbanda Sagrada do Magno Colégio existente na 5º Faixa Vibratória Ascendente, ao qual está diretamente ligado o nosso modesto mas muito bem fundamentado Colégio de Umbanda Sagrada.

Introdução

Consagrações, eis um assunto interessante e inexplorado em nossa religião.

Toda religião que se preze como tal deve ter o seu livro de consagrações e todas devem ser tão bem fundamentadas em seus mistérios divinos que cada consagração é uma comunhão entre o fiel e sua divindade.

Foi nisso que pensamos quando elaboramos este livro didático e fundamental para os médiuns umbandistas.

Umbanda é religião, mas também é magia divina o tempo todo.

Tudo na Umbanda é mágico, mas muito desse "tudo" tem sido tratado de forma profana ou é cópia de práticas alheias.

E nenhuma religião assume feição própria e reconhecível se não tiver os seus livros fundamentais ou canônicos.

Já havíamos iniciado essa fundamentação com livros de nossa autoria, tais como: *As Sete Linhas de Umbanda; Código de Umbanda; Gênese Divina de Umbanda Sagrada; Teogonia de Umbanda; Orixás Ancestrais – A Hereditariedade Divina dos Seres; Iniciação à Escrita Mágica Simbólica*, etc. (Madras Editora).

E prosseguiremos nesse caminho porque outros livros tão importantes como os que aqui são citados logo serão publicados, preenchendo outras lacunas e tornando os umbandistas autossuficientes no campo do conhecimento oculto e no aprendizado teórico ou prático, dispensando-os de ter de frequentar qualquer outro culto para aprender como conduzir-se ou realizar suas práticas.

Não está distante o dia em que os umbandistas não só não ouvirão seguidores de outros cultos afros insinuarem que eles é que têm fundamentos, assim como eles próprios descobrirão que muito do que também lhes falta poderá ser encontrado em nossos livros.

Afinal, consagração é consagração. E, quem sabe, faz; quem não sabe, copia!

Sempre foi assim nesse ou em qualquer outro campo das atividades humanas, sejam elas espirituais, religiosas ou profissionais.

Cultos antiquíssimos, muitos já extintos ou substituídos por outros, tinham suas consagrações mágicas e religiosas e seus sacerdotes eram muito respeitados, pois tinham realmente poderes mágico e religioso.

Saibam que uma consagração é um contato íntimo e espiritual com a divindade e o ato de realizá-la é único e pessoal, se seguido ao "pé da letra", em todas as suas etapas.

Codificar detalhadamente cada consagração na vibração, na irradiação, na força, no poder e no mistério de cada um dos 14 Orixás que regem as Sete Linhas de Umbanda foi a melhor forma de dotarmos a nossa religião de um livro só seu de consagrações, que poderá ser adotado por nossos irmãos seguidores de outros cultos afros, pois todas elas são fundamentadas e tudo foi pensado e comentado detalhadamente, desde a criação dos círculos consagratórios até como entrar e sair da vibração de cada Orixá.

É preciso saber como entrar em um campo vibratório e como sair dele. Saudar um Orixá ao entrar e ao sair, assim como fazer a apresentação de cada objeto na forma correta.

Afinal, há uma forma aberta, coletiva e praticada, tanto por umbandistas mais instruídos como por seguidores de outros cultos afros, e que são os tradicionais sete passos para a frente ou para trás, com o pé direito ou com o pé esquerdo; no entanto, essa forma não leva o seu praticante ao campo vibratório do Orixá, mas é uma convenção para se entrar e sair do seu santuário na natureza.

Dar sete passos à frente e sete para trás é uma forma de entrar e de sair quando vamos depositar uma oferenda ou um despacho no campo vibratório da natureza, regido não só por um Orixá, pois em cada campo estão todos eles.

Ou não é verdade que temos no campo vibratório das cachoeiras uma Oxum das Cachoeiras, uma Iansã das Cachoeiras, um Xangô das Cachoeiras, um Ogum das Cachoeiras, etc.

E seja nas pedreiras, nas matas ou no mar, também temos nesses campos várias regências divinas.

Entrar no campo vibratório da natureza para realizar um despacho, uma oferenda ou um descarrego não é o mesmo que entrar no campo vibratório de uma divindade que tem nele seu santuário natural (na natureza terrestre).

Entendam que há uma diferença e ela tem de ser conhecida pelos umbandistas, caso queiramos separar as práticas comuns ou gerais das práticas específicas e sagradas.

Consagração! A própria palavra já diz tudo e quem souber aproveitar o que aqui ensinaremos didaticamente não precisará procurar mais nada nesse campo em outras fontes ou autores estrangeiros; pois aqui há tudo, seja para consagrar os colares usados nos trabalhos espirituais, seja para consagrar imagens ou outros componentes dos seus altares, seja para consagrar ferramentas de uso mágico ou para colocá-las nos seus assentamentos, seja para consagrar a si próprios na irradiação do seu Orixá.

Colares, braceletes, tiaras, anéis, coroas, espadas, toalhas, ferramentas diversas, materiais elementares para os assentamentos, imagens para ser entronadas nos altares, etc., tudo pode ser consagrado como aqui ensinamos.

Afinal, no campo dos axés, não existem só os três descritos nos cultos afros tradicionais e que são: axés animal, vegetal e mineral.

No campo dos axés, ainda que muitos desconheçam, existem outros e é preciso conhecê-los e usá-los aumentando o poder do médium, das suas forças espirituais e dos objetos de uso mágico ou religioso.

– A luz tem o seu axé, e o dela é poderosíssimo.

– A água tem o seu axé, e o dela é tão poderoso quanto os três acima citados.

– O fogo tem o seu axé, e o dele é tão poderoso quanto todos os acima citados.

– As cores têm o seu axé, e o delas é tão poderoso como todos os outros.

– As vibrações são axés puros e, assim como com as cores, só é preciso conhecê-los e saber como usá-los para que sejamos beneficiados por seus poderes realizadores.

– As velas usadas em todas as cerimônias umbandistas têm muito a nos revelar nesse campo dos axés.

– A escrita mágica simbólica é tão importante no culto dos Orixás quanto os elementos que fornecem os axés mineral, vegetal e animal.

Tudo é axé, tudo é condensável e só é preciso conhecer os seus fundamentos para se servir de tudo com conhecimento de causa.

Afinal, Umbanda tem fundamento, é preciso saber preparar!

Livro de Fundamentos da Umbanda

Umbanda tem fundamento, é preciso preparar!
Quem ainda não ouviu esta afirmação, tanto dos guias espirituais quanto em pontos cantados durante os trabalhos espirituais?
Muito já ouviram, não?
Bem, o fato é que em um século de existência a Umbanda se expandiu por meio de correntes formadoras de médiuns, e cada corrente foi desenvolvendo sob orientação espiritual seus cultos, suas liturgias, seus assentamentos e suas fundamentações, baseados em conceitos cristãos, hinduístas, indígenas, de outros cultos afros aqui praticados. Assim têm sido essas coisas na Umbanda.
Então, pensando na dificuldade dos médiuns que estão chegando, ou mesmo na de antigos praticantes em organizar e homogeneizar cultos, assentamentos, consagrações, oferendas, etc, resolvemos escrever este livro, necessário tanto à Umbanda quanto às verdadeiras práticas umbandistas, suprindo uma lacuna não visualizada por muitos dos responsáveis pela condução do grande número de adeptos dessa religião mágica e espiritualista.
A lacuna é imensa e é lamentável que em um século ainda não tenha havido uma normatização de ritos, de consagrações, de fundamentações e de assentamentos, pois, se isso já tivesse sido feito, a Umbanda teria uma feição e apresentação pública única e facilitaria tanto o trabalho dos dirigentes quanto dos médiuns praticantes.
Queremos deixar claro que não temos a pretensão de codificar nada, mas sim contribuir para que, de posse deste livro, os umbandistas (dirigentes, médiuns e frequentadores) tenham ao seu alcance um formulário básico, de ritos, sejam eles consagratórios, ofertatórios ou litúrgicos, nos quais possam se basear e realizar, com segurança e fundamento, suas práticas mágicas ou religiosas.

Sabemos que o astral superior tem sido generoso e, sempre atento, tem transmitido aos médiuns muitas informações e ensinamentos que acabaram por criar um "conhecimento geral" do qual têm-se servido os praticantes umbandistas. Mas, pela não organização didática dessas informações e ensinamentos, muitos são transmitidos só parcialmente ou logo adiante já estão distorcidos, perdendo-se ou passando a atrapalhar mais ainda.

Então, que não pensem em momento algum que somos isso ou aquilo ou que queremos fazer isso e aquilo mais, porque só desejamos que esse livro seja um auxiliar dos médiuns nas suas práticas cotidianas ou especiais.

Queremos que ele seja um manual didático aos os adeptos e médiuns da Umbanda e venha a ser útil a todas as correntes formadoras da nossa religião.

O que aqui organizamos, comentamos e ensinamos é necessário para todos porque todos são adeptos e praticantes da mesma religião.

Aceitem este livro e tenham nele nossa humilde e despretensiosa contribuição às vossas práticas, sejam elas religiosas ou mágicas.

Em nome dos mentores.

Cordialmente,

Rubens Saraceni

Umbanda, Religião e Magia

Umbanda, a religião, nova e evolucionista; espiritualizadora e mágica e já com um século de existência, revolucionou o conceito de religião e renovou as antigas formas de se praticar a magia e a mediunidade.

Suas correntes formadoras contribuíram para que tudo isso acontecesse e fosse colocado ao alcance de todos e a serviço de muitos que ousaram ingressar nela como médiuns ou que recorreram aos guias espirituais para se curar, ou se orientar ou se livrar de problemas espirituais.

Sabemos que existem várias correntes de pensamento dentro da Umbanda e também há muitas formas de praticá-la, ainda que todas se mantenham fiéis à participação dos espíritos nos seus trabalhos ou engiras.

Não consideramos nenhuma das correntes melhor ou pior e nem mais ou menos importante para a consolidação da Umbanda. Todas foram, são e sempre serão boas e importantes, pois só assim não se estabelecerá um domínio e uma paralisia geral na assimilação e incorporação de novas práticas ou conceitos renovadores.

E, por essa pluralidade, temos correntes cristãs, indígenas, africanas, espíritas, mágicas, etc, todas contribuindo com suas ideias e práticas espiritualizadoras dos médiuns e dos frequentadores dos centros umbandistas.

Algumas correntes recorrem a orações, outras a pontos cantados, outras a mantras, outras a atabaques e cantos vibrantes. Todas essas formas são boas e não podemos dizer que uma seja superior ou inferior a outra, porque todas têm um único propósito: auxiliar o próximo em suas sessões de trabalhos espirituais.

Mas, se formas diferentes de se praticar a Umbanda coexistem pacificamente e tantas correntes de pensamento só enriqueceram ainda mais a nossa religião, no entanto, para certas coisas os procedimentos devem ser iguais, se não acabarão por paralisá-la e torná-la irreconhecível e impraticável enquanto religião.

Se algo em comum dá sustentação a todas as correntes formadoras da Umbanda, e que é a manifestação organizada dos guias espirituais, outras coisas em comum devem ser desenvolvidas e colocadas ao alcance de todos os umbandistas, sejam eles médiuns ou frequentadores, pois só assim, com muitas coisas em comum, será possível a todos fazê-las com segurança, confiança, fundamento e funcionalidade.

Funcionalidade, eis a palavra-chave!

Quantas coisas são funcionais dentro da Umbanda e quantas não são ou não passam de adaptações de práticas de religiões alheias que nelas funcionam pois nelas estão seus fundamentos?

Sabemos que adaptações de fundamentos de outras religiões servem apenas até certo ponto, pois quando precisamos explicá-los aos nossos adeptos nos falta sempre uma parte, que é justamente a que torna aquelas práticas funcionais e abrangentes.

– Usamos colares de contas, miçangas, sementes, dentes, pedras, minérios, conchas, etc.

– Usamos espadas, ponteiros, tridentes, etc. em nossos assentamentos.

– Usamos a pemba para riscar pontos mágicos.

– Usamos fitas, pólvora, ervas, talismãs, elementos encontrados na natureza, etc.

E recorremos aos nossos guias espirituais para cruzar e preparar tudo isso para nosso uso cotidiano, se não não sabemos como fazê-lo por conta própria e não temos conhecimento dos seus fundamentos ocultos.

Está certo, os guias espirituais têm feito o possível para dar conta de tudo, mas nem sempre só um cruzamento basta para dar a um objeto um grande poder e é necessário que ele seja consagrado... e é preciso saber como consagrá-lo correta e realmente.

Para se assentar as forças de um guia espiritual ou de um Orixá, é preciso conhecer os seus fundamentos ou eles só serão "firmados" em um terreiro.

E, mesmo um terreiro, como dotá-lo de todas as proteções e defesas indispensáveis ao bom andamento dos trabalhos se não sabemos como fazê-las e torná-las funcionais?

Só vê-las em outro terreiro e fazê-las iguais não as dota de funcionalidade.

Esse é o nosso propósito neste livro: fornecer um manancial de conhecimentos fundamentais e de informações indispensáveis à funcionalidade das consagrações da Umbanda, ajudando a quantos quiserem servir-se delas e facilitar suas "preparações".

Se vamos colocar de forma aberta todo um conhecimento, é porque não há outra forma de beneficiar os umbandistas praticantes espalhados pelo Brasil todo, e muitos têm recorrido a adaptações de práticas e fundamentos alheios para levar adiante suas missões espirituais.

Mas, como adaptações não são integralmente funcionais, não são poucos os médiuns e dirigentes espirituais que se ressentem dessa lacuna, que agora começa a ser preenchida, e sentem-se desprotegidos diante das poderosas forças negativas com as quais têm de lidar durante os seus trabalhos espirituais com pessoas vítimas de poderosas magias negras. Isso quando eles próprios não se tornam vítimas delas só porque estão prestando caridade espiritual e desagradam os poderosos (no mau sentido) magos negros encarnados, que vivem de prestar assistência espiritual remunerada e não admitem que se recorra a quem faz isso caritativamente, pois ser médium é cumprir uma missão espiritual para Deus aqui na Terra.

Muitos são os centros de Umbanda que são fechados por essas poderosas magias negras feitas contra eles, justamente porque fazem caridade. E quem faz essas magias negras?

São exatamente as pessoas que se iniciaram em algum dos muitos segmentos aí existentes e que, após aprenderem como trabalhar com os poderes divinos ou naturais (forças da natureza), montam seus "consultórios" e passam a fazer todo tipo de atendimento, altamente remunerado.

Para esses aproveitadores das dificuldades alheias, ter alguém ajudando caritativamente as pessoas necessitadas de auxílio ou de orientação espiritual é contrário aos seus interesses comerciais e profissionais, e a perda de um "cliente" implica queda financeira e do poder sobre ele, quase um escravo desse "pai de santo *personal*".

Então, recorrem a toda podridão que aprenderam com o baixo astral, e desenvolveram em si próprios, e atacam com todas as forças das trevas os bem intencionados, mas totalmente desprotegidos, médiuns e dirigentes umbandistas.

Médium e dirigente espiritual umbandista, ter seus guias espirituais e vontade de praticar a caridade espiritual não são suficientes para levar adiante a sua missão perante Deus. É preciso conhecer seus fundamentos e saber como utilizá-los em seus trabalhos e na defesa do seu terreiro e dos seus médiuns.

– "Umbanda tem fundamentos, é preciso prepará-los"!

As Guias ou Colares

O uso de colares, pulseiras e talismãs é tão antigo quanto a própria humanidade.

Todos os povos antigos pesquisados adotavam o uso de colares confeccionados com pedras roladas, seixos, dentes de animais, pérolas, penas, sementes, pedaços de ossos ou de madeiras esculpidas, conchas, unhas de certos animais, cabelos humanos ou crinas de animais trançados, etc.

São tantas as coisas usadas na confecção de colares que não nos é possível listar todas.

O uso com respeito de colares confeccionados de forma rudimentar se perde no tempo, tendo começado em eras remotas, quando ainda vivíamos em cavernas ou éramos nômades, mas precisávamos de protetores contra o mundo sobrenatural inferior ou contra o perigo de animais e insetos venenosos ou os malefícios feitos por outras pessoas, etc.

Então, que fique claro aos umbandistas que o uso de colares ou "guias de proteção" não é uma coisa só da Umbanda ou dos cultos afros aqui estabelecidos. Inclusive, os índios americanos também usavam e ainda usam colares, braceletes, pulseiras e talismãs, tal como fazia e faz o resto da humanidade.

Os padres da Igreja Católica usam rosários, crucifixos pendurados no pescoço (um colar, certo?), escapulários, etc., assim como todos os sacerdotes da maioria das religiões atuais o fazem com seus colares consagrados.

Enfim, não há nada de excepcional, incomum ou fetichista no fato de os médiuns umbandistas usarem colares de proteção ou de trabalhos espirituais quando incorporados pelos seus guias.

O uso de colares era tão comum na Antiguidade que originou a ourivesaria e a joalheria como indústrias manufaturadoras de colares, pulseiras, braceletes, talismãs, tiaras, etc., para atender aos sacerdotes e aos fiéis mais abastados que preferiam ter objetos de proteção confeccionados com pedras e metais preciosos e de difícil aquisição pelo resto dos membros dos clãs ou tribos do passado.

Reis, rainhas, príncipes, imperadores, ministros, etc., que formavam a elite dos povos antigos, não usavam colares comuns ou de fácil confecção, mas recorriam a artesãos especializados para confeccioná-los, tomando a precaução de terem colares únicos e de mais ninguém.

Cadáveres eram enterrados com colares, talismãs, etc., pois precisavam proteger seus espíritos no mundo dos "mortos", assim como haviam precisado deles aqui no mundo dos "vivos", e isso acontece até os dias de hoje na cultura ocidental cristã, na qual o uso antigo de colares mágicos e protetores perdeu seus fundamentos, sendo substituídos por gravatas, lenços, cachecóis, fitas, etc. que envolvem o pescoço dos vivos e dos cadáveres, certo?

Portanto, irmãos(ãs) umbandistas, não se sintam constrangidos(as) por usar em público colares ou "guias", pois não é em nada diferente do que todo mundo faz.

Bem, até aqui só comentamos o que é história e fato comprovável observando os sacerdotes e fiéis de todas as religiões que, sem se aperceberem disso, usam esse recurso mágico para se proteger do mundo sobrenatural.

Logo, o uso de guias ou colares, braceletes, pulseiras, tiaras (proteção à cabeça ou coroa), etc. tem fundamento mágico e deve ser entendido e aceito por todos os umbandistas como um dos fundamentos mágicos da nossa religião. Desde o seu início, fomos instruídos a usá-los pelos nossos guias espirituais, que os consagram e os usam durante os passes mágicos-energéticos dados nos consulentes em dias de trabalho.

Só que a maioria dos umbandistas compra colares, braceletes, pulseiras, talismãs, etc. sem saber ao certo quais são seus poderes ou usos mágicos. E vemos muitos médiuns com muitos colares belíssimos no pescoço mas que, se perguntados sobre o porquê de usarem tantos de uma só vez, responderão que seus guias espirituais lhes pediram.

E, se perguntados sobre os fundamentos de cada um deles, infelizmente não saberão dizer quais são, porque isso não é ensinado regularmente na Umbanda e o pouco que sabem foi ensinado por seus guias espirituais.

Na Umbanda não existem muitas pessoas preocupadas com os seus fundamentos divinos, espirituais, mágicos, litúrgicos, etc., e todos querem "resultados" e ponto final.

Só que isso, essa falta de preocupação com os fundamentos, está deixando de lado importantes conhecimentos e fazendo com que objetos mágicos sagrados sejam utilizados de forma profana e objetos profanos sejam usados como se fossem sagrados, pois já não há informações correntes e de fácil acesso aos médiuns umbandistas, ensinando-os corretamente e esclarecendo sobre quando e como usar colares, braceletes, pulseiras, talismãs, etc.

E não adianta os mais "antigos" ficarem contrariados por essa nossa afirmação, pois ou não sabiam quais eram esses fundamentos, e por isso não ensinaram aos seus filhos de fé ou então, se sabiam e não ensinaram, são os responsáveis pelo que está acontecendo com os novos umbandistas, que não têm quem ensine nada a respeito, certo?

Bem, vamos aos fundamentos ocultos dos mistérios dos colares, dos braceletes, das pulseiras, dos anéis, das tiaras e dos talismãs e como consagrá-los corretamente, beneficiando-se do poder de realização que adquirem quando isso é feito por eles.

1º – Um colar, anel, bracelete, pulseira e tiara ou "coroa" é em si um "círculo".

2º – Por círculo estável entendam aquele que tem forma imutável (anéis e coroas).

3º – Por círculo maleável entendam aquele que é flexível e movimenta-se, abre-se ou fecha-se segundo os movimentos do seu possuidor, (colares, braceletes e pulseiras).

4º – O círculo é um espaço mágico. E, porque é um, então pode ser consagrado e usado para uma ou mais funções pelo seu possuidor porque torna-se em si um espaço mágico ativo e funcional muito prático e fácil de ser usado.

5º – É certo que esse fundamento só era conhecido dos grandes magos da era cristalina e perdeu-se quando ela entrou em colapso, restando o conhecimento aberto ou popular de que eram poderosos protetores contra inveja, mau-olhado, fluidos e vibrações negativos, encostos espirituais e magias negativas.

6º – O conhecimento popular perdurou e acompanhou a evolução da humanidade, e várias fórmulas consagratórias foram desenvolvidas no decorrer dos tempos por magos, inspirados pelos seus mentores espirituais.

7º – Essas fórmulas consagratórias "exteriores" ou exotéricas puderam ser ensinadas e perpetuadas, auxiliando a humanidade no decorrer dos tempos.

8º – Mas, lembrem-se disto: são, todas elas, apenas fórmulas consagratórias exteriores ou exotéricas e cujos fundamentos ocultos não foram revelados.

9º – Assim, porque os fundamentos ocultos não foram revelados, o poder dos colares, braceletes, pulseiras, anéis, tiaras e coroas só tem sido usado como protetores... e nada mais.

10º – A Umbanda, derivada dos cultos religiosos indígenas, afros e europeus, adotou o uso de colares, braceletes, pulseiras, anéis, tiaras, coroas, etc. ainda que seus adeptos nada soubessem sobre os fundamentos mágicos secretos existentes por trás de cada um desses objetos. Índios brasileiros, negros africanos, brancos europeus ou mesmo hindus cheios de colares no pescoço, pouco ou nada ensinaram sobre a consagração interna ou esotérica que dariam a esses objetos (e outros, às imagens inclusive) um poder de realização tão grande que não seriam vistos apenas como adereços ou fetichismo e sim com respeito e admiração por quem olhasse para eles ou os visse de relance.

11º – Que alguém, umbandista ou não, diga-nos se algum dia leu ou ouviu de outrem algo sobre os fundamentos ocultos e esotéricos dos colares, braceletes, pulseiras, anéis, tiaras, coroas, imagens, símbolos e demais objetos mágicos. Com certeza só ouviu dizer que são fortes protetores contra isso ou aquilo... e nada mais. Já os sábios hindus ou os velhos babalaôs sempre disseram e ensinaram seus seguidores que esses adereços consagrados por eles ou segundo suas fórmulas consagratórias (todas externas e exotéricas) tornam-se poderosos talismãs ou patuás que dão proteção contra isso ou aquilo.

12º – Nós (e você) sabemos que nunca lhe ensinaram que aqueles colares, braceletes, pulseiras, anéis, tiaras, coroas e demais objetos mágicos usados nos seus trabalhos espirituais ou assentados no seu terreiro têm outras finalidades além das de protegê-los ou aos seus trabalhos, certo?

13º – Até os seus guias espirituais (Caboclos, Pretos-Velhos, Crianças, Boiadeiros, Marinheiros, Baianos, Encantados, Exus, Pombagiras, Exus Mirins, Ciganos, etc.) pouco lhes disseram sobre os mistérios de seus objetos mágicos consagrados por eles externamente ("cruzados" por eles é o termo mais adequado), não é mesmo?

14º – Você usa os colares, pulseiras, braceletes, anéis, tiaras, coroas, etc.) que eles cruzam e sente-se protegido contra inveja, mau-olhado, maus fluidos, etc. e não dá maior valor que o de simples protetores, pois eles foram cruzados e ativados segundo rituais ou processos externos, praticados por guias espirituais impossibilitados de os fazer segundo o ritual ou processo interno, que só pode ser feito a partir do lado material da vida, por uma pessoa conhecedora desse mistério.

15º – Se isso tudo está sendo revelado agora, um século após a fundação da Umbanda, é para que os umbandistas deixem de procurar em outras religiões ou nos cultos afros aqui estabelecidos os fundamentos sagrados, ocultos e esotéricos (iniciatórios) de sua religião, pois eles (todos, sem exceção) só revelam os fundamentos externos e exotéricos abertos por eles e desconhecem os fundamentos sagrados da Umbanda, que não sejam os deles.

16º – Então, como um umbandista irá obter com eles o que desconhecem da Umbanda e só conhecem de suas próprias religiões e de suas práticas mágico-religiosas, que fazem porque funcionam?

17º – Está na hora, pois ela chegou, de os umbandistas e suas práticas começarem a ser copiados pelos adeptos das outras religiões.

18º – Também chegou a hora de eles (os praticantes das outras religiões afros) respeitarem o poder mágico da Umbanda e pararem de dizer, com a "boca cheia" de orgulho, que a Umbanda não tem fundamentos e que a religião deles é que os têm.

19º – Está na hora de os umbandistas descartarem as fórmulas "secretas", antiquadas e com fundamentos internos alheios e só recorrerem a fórmulas consagratórias suas, muito bem fundamentadas no lado divino de seus cultos, fórmulas estas muito mais poderosas que as deles, pois as nossas são internas, iniciatórias, consagratórias e sagradas.

20º – A Umbanda é uma religião mágica que tem seus próprios fundamentos e não precisa recorrer aos outros, que podem servir para os seus adeptos, mas não servem para os umbandistas.

21º – Chega de buscar fora, e com quem não tem nada a ver com a Umbanda, o que não têm para dar aos umbandistas mas que não perdem a oportunidade de se mostrar "poderosos" e de explorar a boa-fé de pessoas mal orientadas dentro de nosso culto.

22º – Chega de umbandistas entregarem suas "coroas" a meros "fazedores de cabeça" que só querem sua escravidão e subserviência, pois, após "fazerem a cabeça", do mal informado umbandista, acham-se donos dele e de suas forças espirituais.

23º – Está na hora, pois ela chegou, dos umbandistas sentirem mais orgulho, de ter mais confiança em suas práticas mágico-religiosas e de olharem com indiferença ou como estranhas as práticas mágico-religiosas alheias, que tanto não lhes pertencem como lhes são dispensáveis mesmo!

As Cores de Colares, Braceletes, Pulseiras, Anéis, Tiaras, etc.

Os colares ou "guias"

Consagrar uma guia, como são chamados os colares dentro da Umbanda, é um procedimento correto, pois somente ele estando consagrado poderá ser usado como protetor ou instrumento mágico nas mãos dos guias espirituais.

O procedimento regular tem sido o de lavá-los (purificação), de iluminá-los com velas (energização) e de entregá-los nas mãos dos guias espirituais para que sejam cruzados (consagração).

Eventualmente são deixados nos altares por determinado número de dias para receber uma imantação divina que aumenta o poder energético deles.

Os guias espirituais sabem como consagrá-los espiritualmente, imantando-os de tal forma que, após cruzá-los, estão prontos para ser usados pelos médiuns como filtros protetores ou pelos seus guias como instrumentos mágicos, ainda que só uma minoria dos guias os utilize efetivamente com essa finalidade e a maioria os prefira como para-raios protetores ou descarregadores das cargas energéticas negativas trazidas para dentro dos locais de trabalhos espirituais pelos seus consulentes.

Os procedimentos consagratórios dos colares usados pelos umbandistas têm sido estes e poucos têm mais alguns outros.

Eles têm ajudado os médiuns durante seus trabalhos e auxiliado os consulentes a se proteger das pesadas projeções fluídicas que recebem de pessoas ou espíritos no dia a dia.

Mas esses cruzamentos ou consagrações, com finalidades específicas e com imantação espiritual, são apenas o lado aberto ou exotérico e, numa escala de 0 a 100, só obtêm 10% do poder dos mesmos objetos que, se forem consagrados internamente ou receberem uma consagração completa, terão 100% de poder.

Normalmente, consagram-se ou cruzam-se colares a pedido dos guias espirituais e cada linha tem suas cores específicas, iguais às dos seus Orixás regentes.

Como algumas cores mudam conforme a região, então eventuais alterações de cores impedem a uniformização da identificação dos Orixás simbolizados nos colares usados pelos médiuns.

Na confecção dos colares, algumas regras devem ser seguidas:

1ª – Os colares dos Orixás costumam ser de uma só cor.

2ª – Há algumas exceções (Obaluaiê = preto-branco), (Omolu = preto--branco-vermelho), (Nanã = branco-lilás-azul-claro), (Exu = preto-vermelho; preto; vermelho), (Pombagira = vermelho; preto e vermelho; dourado).

Enfim, há certa flexibilidade no uso das cores dos colares consagrados aos Orixás na Umbanda. E isso se deve ao fato de que eles, na verdade, irradiam-se em padrões vibracionais diferentes e em cada um mudam as cores das energias irradiadas.

Então, não podemos dizer que estão erradas as cores usadas na Umbanda. Apenas cremos que deveríamos padronizá-las e não recorrer ao uso individual delas. Também não deveríamos adotar as cores usadas em outros cultos afros.

– O uso de "quelê" também não deve ser adotado pelos umbandistas pois é privativo do Candomblé.

– "Quelê" é um colar curto, feito de pedras trabalhadas; é mais grosso que o normal e usado ao redor do pescoço, indicando que a pessoa é uma iniciada no seu Orixá em ritual tradicional e só dele. Portanto, o seu uso não deve ser copiado, pois não é um colar umbandista.

Para a Umbanda, vamos dar as cores mais usadas ou aceitas pela maioria:

- Oxalá = branca
- Iemanjá = azul-leitoso
- Ogum = vermelho
- Xangô = marrom
- Iansã = amarelo
- Oxum = azul-vivo
- Nanã = lilás
- Omolu = branco-preto-vermelho
- Obaluaiê = branco-preto
- Exu = preto e vermelho
- Pombagira = vermelho
- Oxóssi = verde
- Obá, Oxumaré, Logunan e Oroiná não são cultuados regularmente

Como na Umbanda não são cultuados regularmente, alguns orixás foram incorporados por nós, pois ocupam polos energo-magnéticos nas Sete Linhas de Umbanda. Então vamos dar as suas cores:

- Oroiná = laranja
- Logunan = fumê
- Obá = magenta
- Oxumaré = azul-turquesa

Só que há um problema porque não são fabricadas regularmente contas de cristais ou de porcelanas nessas cores.

Por isso, recomendamos que os umbandistas passem a usar colares de pedras naturais sempre que possível, porque só eles (e todos os elementos naturais) conseguem absorver e segurar as imantações divinas condensadas nas suas consagrações "internas".

Contas e outros objetos artificiais ou sintéticos, produzidos industrialmente, não são capazes de reter as imantações poderosas dessas consagrações internas.

Então, aqui há uma relação das pedras dos Orixás:

- Oxalá = quartzo transparente
- Logunan = quartzo fumê
- Oxum = ametista
- Oxumaré = quartzo azul
- Oxóssi = quartzo verde
- Obá = madeira petrificada
- Xangô = jaspe marrom
- Oroiná = ágata de fogo
- Ogum = granada
- Iansã = citrino
- Obaluaiê = quartzo branco e turmalina negra
- Nanã = ametrino
- Iemanjá = água-marinha
- Omolu = ônix preto – ônix verde
- Exu = ônix preto – hematita – turmalina negra
- Pombagira = ônix – ágata

Obs.: Outras pedras podem ser usadas, pois a variedade de espécies é grande, assim como é a de cores em cada espécie, certo?

Agora, com as linhas de trabalhos formadas por guias espirituais, a coisa complica porque tudo depende das energias manipuladas por eles e pelos mistérios nos quais foram "iniciados" e que ativam durante seus atendimentos aos consulentes.

– Para a linha dos Baianos, recomendamos o uso de colares feitos de coquinhos.

– Para a linha das Sereias, recomendamos os colares feitos de conchinhas recolhidas à beira-mar.

– Para a linha dos Boiadeiros, recomendamos colares feitos de "jaspe leopardo".

– Para a linha das Crianças, recomendamos colares de quartzo rosa, de ametista, de água-marinha e quartzo branco.

Quanto aos colares para descarga, recomendamos que tenham grande variedade de espécies de pedras naturais, de porcelana de cristais industriais, de sementes, etc.

No capítulo seguinte, comentaremos com detalhes fundamentais os colares de descarga.

Para que Servem os Colares Usados na Umbanda

Um colar é em si um círculo e é um espaço mágico poderoso, se for consagrado corretamente.

Então, supondo que os seus colares tenham sido consagrados corretamente, vamos aos comentários necessários para que você comece a usá-los com mais respeito e trate-os como objetos sacros de sua religião: a Umbanda.

Nós sabemos que não existem comentários sobre os muitos tipos de espaços-mágicos usados pelos praticantes de magia.

Sabemos que usam o triângulo; o duplo triângulo entrelaçado, o pentagrama, etc, mas também que seus fundamentos ocultos ou esotéricos não foram revelados ou comentados por nenhum autor umbandista até a publicação do nosso livro *A Magia Divina das Velas* (Madras Editora), no qual comentamos superficialmente os espaços mágicos formados por velas.

Bem, o fato é que o círculo é um espaço mágico, e um colar é um círculo, ainda que maleável, pois se movimenta ao redor do pescoço da pessoa que o está usando. Por isso, chamamos os colares de círculos maleáveis.

E, por ser um espaço mágico fechado, se devidamente consagrado, é um espaço mágico permanente e que "trabalha" o tempo todo recolhendo e enviando para outras dimensões ou faixas vibratórias as cargas energéticas projetadas contra o seu usuário.

Como ele é um círculo, então o espaço mágico formado dentro dele é multidimensional e interage com todas as dimensões, planos e faixas vibratórias, enviando para eles as cargas energéticas projetadas contra o seu usuário.

- Ele interage com as dimensões elementais.
- Ele interage com as dimensões puras.

- Ele interage com as dimensões bielementais.
- Ele interage com as dimensões trielementais.
- Ele interage com as dimensões tetraelementais.
- Ele interage com as dimensões pentaelementais.
- Ele interage com as dimensões hexaelementais.
- Ele interage com as dimensões heptaelementais.

E, quando o seu usuário o coloca no pescoço, ele começa a puxar para dentro do espaço mágico (que é em si) as irradiações projetadas desde outras faixas vibratórias negativas, dimensões ou planos da vida, recolhendo-as e enviando-as de volta às suas origens.

Os guias espirituais, quando consagram colares para os seus médiuns ou para os consulentes, para serem usados como protetores, imantam esses colares com uma vibração específica que os tornam repulsores ou anuladores de projeções energéticas negativas, mas não os tornam espaços mágicos em si porque, para fazerem isso, teriam de ir a locais específicos da natureza e, ali, abrir campos consagratórios também específicos e imantá-los com as vibrações divinas dos seus Orixás correspondentes, dotando-os de poderes mágicos multidimensionais.

Mas, como os fundamentos consagratórios internos estavam fechados ao plano material até agora, então eles faziam isso de forma velada quando seus médiuns iam oferendá-los, ou aos Orixás, nos campos vibratórios na natureza.

Os guias espirituais sempre respeitaram o silêncio sobre a consagração interna e sempre fizeram o que tinham de fazer de forma que os seus médiuns não percebiam que, ao tirarem os colares do pescoço, trabalhando-os na verdade estavam imantando-os com as vibrações elementais e divinas existentes nos pontos de forças da natureza.

Então, agora você já sabe que o seu colar de cristais, porcelana, sementes, dentes, etc. não é só um adereço de enfeite ou identificador dos seus Orixás ou de seus guias espirituais, mas que, se corretamente consagrado, é um espaço mágico circular, certo?

E também sabe que, se for confeccionado com elementos colhidos na natureza, é mais poderoso que os feitos com elementos artificiais ou industrializados.

As Correspondências Energéticas I

As correspondências etéreas dos colares se estabelecem a partir do elemento usado na sua confecção e na cor deles. Logo:
– uma pedra branca é um mineral e corresponde a Oxalá.
– uma pedra verde é um mineral e corresponde a Oxóssi ... E assim sucessivamente, com todas as pedras, certo?
Mas, por que isso é assim?
Bem, primeiro, você tem de saber que o Setenário Sagrado da Umbanda não é formado por sete Orixás e sim por sete vibrações divinas ou pela manifestação sétupla do Divino Criador Olodumaré.
Também deve saber que em cada uma dessas sete vibrações estão ainda presentes todos os Orixás que você cultua na Umbanda; estão todos os que você conhece e não são cultuados na Umbanda, mas no Candomblé, assim como os que não conhecemos porque não se revelaram ou não foram revelados.
Por ser assim – sete vibrações divinas com todos os Orixás presentes em todas elas – é que surgem os nomes mistos dos Orixás, tais como: Ogum das Pedreiras; Xangô das Cachoeiras; Iansã do Mar, etc. e criou-se um vasto panteão de Orixás dentro da Umbanda.
Mas, na verdade, o que acontece é que existem sete vibrações divinas irradiadas por Deus, que formam o que denominamos setenário vibracional, e todos os Orixás estão presentes em todas as sete vibrações.
Se estudarmos as sete vibrações, encontraremos em cada uma delas todos os Orixás já conhecidos e outros ainda desconhecidos no plano material, assim como veremos que estão presentes todas as outras classes de divindades conhecidas, reveladas ao plano material por outras religiões, em que todas as classes se servem das vibrações divinas (os meios) para realizar-se como mistérios sustentadores da criação de Deus.

Temos sete vibrações:

- Vibração Ígnea
- Vibração Eólica
- Vibração Telúrica
- Vibração Aquática
- Vibração Mineral
- Vibração Vegetal
- Vibração Cristalina

Porque temos essas sete vibrações, possuímos Orixás, anjos, arcanjos, gênios, potestades, divindades elementais, devas, etc. associados a cada uma delas. E isso faz surgir hierarquias de divindades com funções específicas, mas que se multiplicam e estão presentes em todas as sete.

Isso explica o imenso número de divindades distribuídas por cada uma dessas sete vibrações e por que encontramos cada um dos Orixás conhecidos presentes em todas as sete.

Se não, então vejamos:

• Ogum é o mistério da lei, a lei regula e ordena todos os processos genéticos, todos os procedimentos e todas as ações em toda a criação.

Ogum é em si o mistério da Lei Maior e não é individualizado em um ser porque é em si um poder manifestado por Deus.

Ogum é um poder, é uma manifestação divina; é Deus ordenando a Sua criação. Logo, é um mistério em si mesmo e é indissociável de Deus.

Mas como existem sete vibrações divinas e o mistério Ogum está presente nelas como o poder ordenador manifestado por Deus para que tudo se processe de forma ordenada em Sua criação, então existem sete hierarquias aplicadoras da lei nos meios e na vida dos seres.

E aí, no mistério Ogum, temos sete hierarquias puras de Ogum que, se associadas aos elementos formadores dos meios, podem ser nomeadas assim:

- Ogum do Fogo
- Ogum do Ar
- Ogum da Terra
- Ogum da Água
- Ogum dos Minerais
- Ogum dos Vegetais
- Ogum dos Cristais

Ogum, enquanto mistério da lei em si mesmo, não tem forma e não está contido em nada, pois está em tudo e em todos como o poder ordenador de Deus.

Mas quando o isolamos em uma das sete vibrações, encontramos nela seres divinos aplicadores da lei e aí vemos uma infinidade desses seres cujas funções puras são a de regular, em nível localizado (domínio, reino, faixa vibratória, dimensão, planeta, sistema estelar, constelação, galáxia e

Universo), os mesmos seres "puros", todos iguais entre si. Uns são "clones" dos outros e não se diferenciam em nada na aparência.

O único diferenciador está no campo de atuação, pois o Ogum ordenador de um domínio é um ser divino com um campo limitado, e o Ogum ordenador de um reino é um ser divino com outro campo muito mais abrangente.

Já os Oguns ordenadores das dimensões, não é possível descrevê-los porque são mentais que se irradiam ao infinito na sua "frequência vibratória mental".

Observação importante: todos os Orixás, enquanto poderes manifestados, estão em todas as vibrações e nelas estão presentes suas hierarquias de seres divinos.

Por isso, estabelecido esse entendimento, um colar de Iemanjá também deve ser consagrado no fogo, na terra, no ar, nos minerais, nos vegetais, no cristal e no tempo, além da sua tradicional consagração na água salgada, que é o seu elemento identificador.

– Como?!
– Iemanjá está no fogo?

Iemanjá, o poder manifestado por Deus e que é o geracionismo em si mesmo, está no fogo e dá a esse elemento o poder de gerar a si mesmo continuamente, ainda que de forma ordenada, porque Ogum, que é o ordenador de tudo, também ordena o geracionismo desse elemento ígneo.

Iemanjá, na verdade, não está no fogo como o fogo em si, mas está presente nele como o seu poder de autogerar-se continuamente.

Logo, se ela está presente na vibração ígnea como o poder desse elemento de autogerar-se, então há uma hierarquia de seres divinos Iemanjás do Fogo fornecendo nessa vibração o poder gerador a tudo e a todos regidos pelo elemento ígneo.

Portanto, ou o seu colar de Iemanjá é consagrado no fogo ou você não terá um colar realmente completo nos seus aspectos energéticos.

Só que, se o fogo consome o seu colar, então você usará velas azul-claras para imantá-lo com a "chama geracionista" de Iemanjá. Mas o seu colar, bracelete, pulseira, anel, etc., consagrado a Iemanjá só absorverá essa energia que não se apaga na água se todos esses "artigos mágicos" estiverem imersos em água do mar durante suas consagrações.

Bem, já que falamos que há uma chama geracionista, então há outras chamas, certo?

No próximo capítulo, vamos comentá-las mais detalhadamente para que, passo a passo, você consagre corretamente seus objetos mágicos. Deve ser usada a mesma forma consagratória em um colar e em todos os seus objetos mágicos, dos seus guias e dos seus Orixás.

Mas, lembre-se dessa regra consagratória:
– O que você consagrar para você, é só seu e de mais ninguém.
– O que você consagrar para os seus guias, é só deles e de mais ninguém.

– O que você consagrar para os seus Orixás, é só deles e de mais ninguém.

A segunda regra consagratória é esta:

– Os seus objetos mágicos, em caso de você falecer, devem ser despachados no campo vibratório do seu Orixá de frente.

– Os objetos mágicos dos seus guias e dos seus Orixás devem ser despachados nos campos vibratórios correspondentes a cada um deles, sempre acompanhados de uma oferenda ritual e do pedido para que eles anulem as suas imantações, neutralizando-os.

Obs.: Os seus objetos mágicos não devem ser recolhidos depois de despachados.

Já os dos seus guias e Orixás, vinte e quatro horas após serem despachados dentro de oferendas rituais, poderão ser recolhidos por outras pessoas, pois estarão totalmente neutros. Certo?

As Correspondências Energéticas II

No capítulo anterior comentamos que, para um colar de Iemanjá absorver a chama geracionista, é preciso colocá-lo em uma vasilha (de preferência de louça ou de vidro) cheia de água do mar e cercada com velas azuis-claras.

Então, para que esse colar (ou outros objetos mágicos) seja consagrados a Iemanjá ou a um guia espiritual que trabalhe na irradiação dela, ou mesmo para poder usá-lo como protetor mágico, você deve conhecer as sete chamas sagradas e os elementos através dos quais elas se concentram e são absorvidas naturalmente por eles.

As sete chamas e seus elementos são estes:

- Chama da Fé – elemento cristal
- Chama do Amor – elemento mineral
- Chama do Conhecimento – elemento vegetal
- Chama da Justiça – elemento fogo
- Chama da Lei – elemento ar
- Chama da Evolução – elemento terra
- Chama da Geração – elemento água

Como cada Orixá tem a sua cor de vela, então basta usar a mesma cor em cada um desses elementos que o objeto mágico a absorve. E, quando o seu colar de Iemanjá for consagrado na terra, você deve cobri-lo com areia da praia e evocar a senhora Iemanjá da terra (Iemanjá geradora da evolução) e pedir que ela o imante com sua vibração divina, dando a ele o poder de tornar-se um portal mágico de acesso à sua faixa vibratória viva e divina existente na criação, que é por onde flui o seu mistério.

E, ao consagrá-lo no vegetal, deve encobri-lo com pétalas de rosas brancas e solicitar à senhora Iemanjá dos vegetais (Iemanjá geradora do conhecimento) que o imante com a sua vibração divina, dando-lhe o poder de tornar-se um portal mágico de acesso à sua faixa vibratória viva e divina existente na criação, que é por onde flui o seu mistério.

E, porque assim é, então devemos proceder dessa forma na consagração mágica correta dos objetos, imantando-os nas sete vibrações divinas, abundantes e de fácil captação se levados aos pontos de forças da natureza onde os elementos emitem suas radiações energéticas, através das quais fluem as dos sagrados Orixás, os "concretizadores" da matéria.

Sim, é bom que todos os umbandistas se lembrem que por trás da associação dos Orixás com determinados elementos estão os poderes deles que permitiram a materialização das substâncias e o surgimento do que denominamos delas matéria e plano material.

Sabemos que existem muitas classes de divindades e que cada uma delas cuida de aspectos específicos do mundo manifestado (meios, seres, criaturas, espécies, etc.) e que, porque assim é, os Orixás são as divindades de Deus que concretizam o "mundo das formas", ou seja: a formação de todos os corpos, desde os celestes até a unidade básica da matéria, que são os átomos.

Até aos átomos os Orixás podem ser associados, pois são os seus poderes sobre os elementos enquanto energias puras que permitiram micropartículas subatômicas, quânticas mesmo, se agregarem ordenadamente e constituírem os átomos que, unindo-se por afinidades energéticas e magnéticas, criaram as moléculas. E estas, também unindo-se por afinidades, fizeram surgir as substâncias líquidas, gasosas e sólidas, dando início à construção dos mundos, da natureza e dos corpos usados pelos seres espirituais durante suas estadas no lado material da vida.

Sabemos que o nosso Divino Criador tem nos sagrados Orixás as Suas manifestações exteriores, e eles, enquanto poderes concretizadores Dele, são os responsáveis por todos os tipos de formas (mundo concreto) e podem ser associados naturalmente a elas.

Assim, associar um Orixá a uma energia (ígnea, eólica, telúrica, aquática, vegetal, mineral ou cristalina); a uma cor (branca, azul, rosa, verde, etc.); a uma flor (crisântemo, rosa, lírio, etc.); a uma fruta (maçã, coco, abacaxi, etc.); a uma raiz (cebola, gengibre, beterraba, etc.) a uma pessoa (tipo físico); a um animal (leão, cavalo, galo, pombo, etc.); a um som (dó, ré, mi, fá, sol, lá, si); a uma das partes da natureza (rio, mar, pedreira, montanha, mata, etc.); a uma personalidade (alegre, concentrado, taciturno, rigoroso, amoroso, etc.), etc., é correto e está em acordo com as qualidades, atributos e atribuições divinos deles, os Senhores do Mundo das Formas e da evolução dos meios e dos seres.

Tudo isso já vem sendo ensinado por meio dos mitos da criação dos mundos e das lendas dos Orixás, transmitidos oralmente, de geração para geração, por babalaôs nigerianos (só recentemente, de 1800 d.C. para cá, é que começaram a ser impressos em papel essas antiquíssimas transmissões orais acerca dos Orixás).

Então, não tenham dúvidas de que existe uma correspondência direta dos Orixás com a matéria (o mundo das formas) e que cada um tem um campo vibratório na natureza, que é o seu santuário natural, e é nele que se concentram em grande quantidade as vibrações e as energias indispensáveis a uma boa consagração dos seus objetos ritualísticos e mágicos.

Nos capítulos seguintes, daremos as correspondências e como consagrar os seus objetos nesses campos ou pontos de forças.

As Correspondências Energéticas III

Consagrações na força dos Orixás

A consagração completa de um objeto (imagem, colar, bracelete, pulseira, anel, etc.) implica esforço, dedicação e seriedade nos cuidados para com eles, tanto durante a sua consagração quanto depois, no seu uso ou no acondicionamento em algum local apropriado.

Com isso em mente, então passemos às consagrações de objetos mágicos nos campos vibratórios da natureza.

Horários e luas

– Horários: os horários são respeitados, e o amanhecer ou o meio-dia são os mais indicados.

– Ao amanhecer: porque o Sol está despontando no horizonte e sua irradiação vem chegando, de forma amena e crescente.

– Ao meio-dia: porque o Sol está a pino, ou seja, está com seus raios incidindo verticalmente sobre o objeto a ser consagrado.

– Luas: lua crescente ou cheia, se a consagração for feita à noite, na sua hora mágica (21).

Obs.: Se for feita de dia em períodos de lua nova, crescente ou cheia é ainda melhor.

Consagrações

• Como entrar em um campo vibratório
• O campo vibratório de cada Orixá
• Como entrar e sair em cada consagração

- As orações consagratórias
- Os círculos consagratórios
- As apresentações
- Os cuidados e o preparo de cada uma, etc.

Campos vibratórios

Como entrar nos campos vibratórios da natureza:

Eu tenho observado que poucos sabem como saudar corretamente as forças invisíveis que habitam ou vivem no lado espiritual da natureza e concentram-se principalmente nos seus pontos de forças ou vórtices energéticos, também conhecidos como campos vibratórios da natureza.

Saibam todos que os pontos de forças são compartilhados por inúmeras classes de seres ou espíritos da natureza e devemos saudá-los, assim como pedir-lhes licença para trabalhar nos seus domínios.

Também devemos saudar e pedir licença a todos os poderes divinos que regem os domínios da natureza e os que os guardam, caso queiramos proceder corretamente e ser reconhecidos por essas forças e esses poderes como verdadeiros iniciados.

É certo que, até onde sabemos, poucos entram corretamente nos campos vibratórios da natureza e que menos ainda, saúdam ou sabem saudar essas forças e esses poderes.

E muitos, senão a maioria, desconhecem a existência delas e a importância de saudá-las e reverenciá-las, e procedem de forma profana e desrespeitosa.

Sabemos que essas coisas nunca preocuparam as escolas umbandistas formadoras de sacerdotes nem os dirigentes espirituais das tendas, que vão até a natureza periodicamente para fazer trabalhos mágicos ou cultos aos Orixás. Mas acreditamos que é chegada a hora de uma normatização nesse campo e damos neste *Formulário de Consagrações* uma contribuição que, esperamos, pouco a pouco seja incorporada por todos e crie uma regra geral a ser ensinada a todos os umbandistas, sejam eles médiuns ou apenas frequentadores das tendas, que eventualmente tenham de ir até algum campo vibratório para fazer alguma oferenda propiciatória ou algum despacho, descarrego ou limpeza áurica.

Também sabemos que tais procedimentos só muito lentamente serão incorporados pelos umbandistas pois muitos os acharão dispensáveis ou trabalhosos e alguns até dirão:

– Eu sempre fiz o que tinha de fazer como aprendi e sempre deu certo!

Está certo, porque, como esses procedimentos não eram ensinados, todos contavam com a complacência das forças e dos poderes da natureza e também dos Orixás, pois eles sabiam que os umbandistas não recebiam esse tipo de instrução e deles nada exigiam nesse sentido.

Mas, que todos saibam que este livro foi todo inspirado, orientado e formatado sob a supervisão de espíritos mentores de Umbanda Sagrada e está todo fundamentado nos mistérios dos sagrados Orixás.

Que todos saibam que, se entrarem e saírem corretamente dos campos vibratórios da natureza, os benefícios serão maiores, pois as forças e os poderes, saudados corretamente, atuarão o tempo todo protegendo-os e auxiliando-os no que fizeram.

É importante que todos os umbandistas saibam como proceder quando forem na natureza, tanto para despachar uma simples vela como para oferendar aos seus guias e Orixás.

Nós devemos saudar as forças e os poderes dos campos vibratórios da natureza, tanto ao chegarmos quanto ao sairmos.

Saudação às forças da natureza

Ao chegar, saudamos e pedimos licença para ali trabalhar.

Ao sair, saudamos e pedimos licença para nos retirar.

Façam como é ensinado didaticamente neste *Formulário* e sentirão a diferença e a melhora dos seus trabalhos na natureza.

Umbanda tem fundamentos, é preciso aprender para saber como prepará-los!

Os procedimentos que ensinaremos e recomendaremos a seguir devem ser feitos antes e depois dos que são exigidos para as consagrações mágico-religiosas que mais adiante estão descritas detalhadamente.

Mas, caso deseje fazer uma oferenda, despacho ou trabalho de descarrego e de limpeza áurica, faça só o que aqui ensinamos e mais o que seus guias recomendarem ou você intuir que deve fazer.

Antes de abrirem seus trabalhos, devem adotar uma forma de entrarem na vibração espiritual do campo escolhido.

O procedimento é este:

a) Chegando ao local, ajoelhe-se e saúde a natureza desse lugar, curve-se até tocar o solo com a testa e saúde o Orixá que irá evocar, pedindo-lhe sua bênção e a proteção divina, enquanto ali permanecer.

b) Avance sete passos com o pé direito até onde irá firmar os círculos mágicos para abrir sua magia e ali trabalhar.

c) Ajoelhe-se sobre o local escolhido e saúde os poderes divinos e as forças naturais do campo vibratório escolhido.

d) Cruze o solo com a mão direita e passe-a por cima do local cruzado, dando uma volta à esquerda e outra à direita, saudando o alto e o embaixo, o em frente e o atrás, o à direita e o à esquerda, o em volta à esquerda e o em volta à direita.

e) A seguir, levante-se e curve-se para a frente, bata palmas três vezes seguidas e diga estas palavras: "Eu saúdo o à frente deste campo vibratório e peço sua licença para abrir e firmar neste local meu círculo mágico na irradiação do Orixá ...."

f) A seguir, gire à esquerda e, de costas para o local escolhido e com o corpo curvado, bata palmas três vezes e diga estas palavras: "Eu saúdo o atrás deste campo vibratório e peço sua licença para abrir e firmar neste local o meu círculo mágico na irradiação do Orixá ...."

g) A seguir, gire à direita e volte a ficar de frente para o local escolhido. Então, curve-se em reverência e gire à direita (para o seu leste), curve o corpo para a frente, bata palmas três vezes e diga estas palavras: "Eu saúdo o à direita deste campo vibratório e peço sua licença para abrir e firmar neste local o meu círculo mágico na irradiação do Orixá ...."

h) Volte a ficar de frente para o local escolhido, curve-se reverente, vire-se para a sua esquerda (para o seu oeste), curve-se e bata palmas três vezes, dizendo estas palavras: "Eu saúdo o à esquerda deste campo vibratório e peço sua licença para abrir e firmar neste local o meu círculo mágico na irradiação do Orixá ...."

i) Volte a ficar de frente para o local escolhido, curve-se reverente, eleve as mãos acima da cabeça e bata palmas três vezes, dizendo estas palavras: "Eu saúdo o alto deste campo vibratório e peço sua licença para abrir e firmar neste local o meu círculo mágico na irradiação do Orixá ...."

j) A seguir, curve totalmente o corpo para a frente e abaixe as mãos até ficarem próximas dos pés. Então, bata palmas três vezes e diga estas palavras: "Eu saúdo o embaixo deste campo vibratório e peço sua licença para abrir e firmar neste local meu círculo mágico na irradiação do Orixá ...."

k) A seguir, erga o corpo, curve-o levemente e, batendo palmas continuamente, dê um giro completo à esquerda até ficar novamente de frente para o local escolhido, dizendo estas palavras: "Eu saúdo o em volta à esquerda deste campo vibratório e peço a sua licença para abrir e firmar neste local o meu círculo mágico na irradiação da mãe do Orixá ...."

l) A seguir, levemente curvado e batendo palmas continuamente, dê um giro completo à direita dizendo estas palavras: "Eu saúdo o em volta à direita deste campo vibratório e peço sua licença para abrir e firmar neste local o meu círculo mágico na irradiação da mãe do Orixá ...."

Após a saudação completa aos poderes e às forças do campo vibratório da natureza escolhido, ajoelhe-se, curve-se até encostar a testa no solo, saúde o Orixá regente dele, peça mais uma vez a sua bênção e proteção e peça-lhe licença para movimentar-se livremente, para abrir seus círculos mágicos e trabalhar magicamente com suas forças, seus poderes e mistérios, tanto em benefício próprio quanto de terceiros.

Após isso, então comece a trabalhar.

Quando terminar e for retirar-se, antes saúde e agradeça a todas as forças e aos poderes que havia saudado ao chegar, procedendo da mesma forma.

E após saudá-las e agradecer corretamente, fique de frente para o círculo mágico, ajoelhe-se, curve-se até encostar a testa no solo, saúde e agradeça ao Orixá regente dele e peça-lhe sua licença para sair do seu campo vibratório na natureza.

Então levante-se e, levemente curvado para a frente, dê sete passos para trás com o pé direito, torne a ajoelhar-se, a saudar e a agradecer a todas as forças e aos poderes e peça licença para retirar-se em paz e protegido por eles.

Esses procedimentos fazem parte da magia cerimonial na natureza e devem ser seguidos à risca e feitos corretamente, com respeito, reverência e concentração.

Apresentações na irradiação dos Orixás

Apresentar o objeto a ser consagrado ou que já o foi é fundamental e é um rito indispensável quando nos encontramos sob a irradiação de um Orixá, pois eles regem os campos vibratórios da natureza, cujos domínios encontram-se no alto (faixas vibratórias luminosas), no embaixo (faixas vibratórias negativas), na direita (irradiações positivas), na esquerda (irradiações negativas), no em frente (campos abertos pelo Orixá), no atrás (campos fechados dos Orixás), no em volta à direita (campos em irradiações positivas regidas por outros Orixás), no em volta à esquerda (campos em irradiações negativas regidas por outros Orixás).

Portanto, o ato de apresentar um objeto antes e depois de sua consagração é fundamental e indispensável, pois, só assim procedendo, ele será reconhecido por todos os poderes divinos e por todas as forças naturais como algo sacro e será respeitado por todos.

Cada Orixá tem sua forma de apresentação e, ainda que não se diferenciem muito, no entanto há posturas e movimentos que são específicos e devem ser seguidos à risca e feitos exatamente como aqui são descritos.

Recomendamos, para maior primor nas apresentações, que vocês as treinem em casa ou em seu terreiro antes de ir consagrar suas imagens e objetos ritualísticos ou mágicos.

Nós procuramos ser bem didáticos nos comentários e esperamos que a forma como colocamos os procedimentos seja bem compreensível e de fácil assimilação e realização.

Não se esqueçam de que uma boa apresentação exige prática, concentração, entrega e submissão aos poderes divinos.

– Pratiquem e usufruam os benefícios que lhes trarão.

Afinal, Umbanda tem fundamentos, é preciso prepará-los!

Regra geral

Regra geral para entrar em um campo vibratório da natureza:

a) Se for consagrar nas forças da direita (Orixás e guias), deve dirigir-se ao local escolhido, parar na frente dele, ajoelhar-se, curvar a cabeça para baixo, bater palmas cadenciadas 3x3, ou seja, três palmas seguidas, uma pausa para pedir licença para entrar em seu domínio, mais três palmas e um segundo pedido de licença e mais três palmas e um terceiro pedido de licença.

Após esse procedimento, dê sete passos à frente, com o primeiro passo dado com o pé direito (se no campo de Orixá ou guia da direita) ou com o pé esquerdo (se no campo de Exu ou Pombagira).

Então, após dar os sete passos, ajoelhe-se novamente, saúde a entidade (Orixá, guia da direita ou da esquerda), peça a sua bênção, força e proteção e a licença para se movimentar livremente até o momento de se retirar.

Só então poderá andar livremente pelo campo vibratório e ao redor do local escolhido para consagrar seu objeto, indo até onde o deixou e aos outros itens usados, tanto na oferenda quanto na consagração.

Então, para uma consagração mágico-litúrgica, é preciso seguir à risca esses procedimentos:

1º) Adquirir todas as coisas necessárias para a consagração.

2º) Dirigir-se ao campo vibratório correspondente no horário e na lua mais propícios.

3º) Entrar corretamente no campo da entidade.

4º) Primeiro se deve fazer a oferenda a ela e depois abrir o círculo consagratório.

5º) Após abrir o círculo consagratório, deve-se apresentar o objeto a ser consagrado (ao alto, ao embaixo, à esquerda, à direita, ao à frente, ao atrás, ao tempo, ao em volta com giro à esquerda e ao envolta com giro à direita).

6º) Após a apresentação, deve-se prosseguir na consagração dele.

7º) Após consagrá-lo, banhá-lo e secá-lo, apresente-o novamente, já como seu objeto consagrado, para só então envolvê-lo no tecido adequado.

8º) Após envolvê-lo, pegue o objeto consagrado com as mãos em conchas, levá-lo ao peito, agradeça à entidade consagradora dele e peça sua licença para se retirar, dando o primeiro passo para trás com o mesmo pé que usou para entrar.

Dê sete passos para trás, ajoelhe-se, agradeça e novamente bata as palmas rituais (3x3) e, entre os intervalos, peça licença para se retirar.

Após isso, vire-se de costas, apanhe os restos do que levou e dirija-se à sua casa em paz.

Nota: Quando fizer a consagração final do seu objeto, não o descubra antes de 24 horas após ela ter sido feita e se o estiver consagrando-o para montar seu altar ou os fundamentos do seu terreiro, só o descubra no momento das suas entronações (para as imagens); no momento dos seus assentamentos (objetos mágicos das entidades); ou no momento dos seus usos (objetos litúrgicos, colares, armas simbólicas, etc.).

Se consagrar para seu uso próprio, após passar as 24 horas de repouso após a consagração final (sétima consagração na irradiação de uma entidade), descubra-o, eleve-o acima da sua cabeça, peça a bênção, a força e a proteção da entidade que o consagrou. Depois pode colocá-lo no pescoço, braço, pulso, dedo, cintura, tornozelo, etc. que ele atuará com todo o poder necessário para protegê-lo.

Os colares, por serem espaços mágicos móveis e maleáveis, poderão ser usados para descarregar magias negativas feitas contra seus donos, bastando colocá-los abertos em círculo no solo e acender no centro do círculo formado por ele uma vela na cor da entidade que o consagrou.

A evocação para ativar esse poder dele é esta:

– "Eu evoco o Divino Criador Olodumaré, os seus sagrados Orixás, a sua Lei Maior e a Justiça Divina, assim como evoco a entidade que consagrou este colar magicamente (dizer o nome da entidade), e peço-lhes que recolham dentro deste círculo mágico a(s) demanda(s) feita(s) contra mim, anulando-as e livrando-me de todas as suas vibrações e energias mentai(s), elementais, elementares e espirituais. Amém."

Após a queima da vela, podem recolher o colar e voltar a usá-lo que tudo terá sido anulado.

Recomendações para fazer as consagrações

1º) Vá trajando sua vestimenta religiosa.

2º) Leve uma cobertura para a sua cabeça (um filá para os homens, uma toalha para as mulheres).

3º) Sempre dê uma oferenda simbólica ao Exu e à Pombagira guardiã do campo vibratório da natureza onde realizará a consagração e peça-lhes licença para entrar nos domínios do Orixá regente deles.

4º) Antes de abrir o círculo consagratório, deverá oferendar ao Orixá no local onde saudará as forças da natureza e pedirá licença para ali consagrar seus objetos.

5º) Só depois desse pedido de licença e saudação às forças da natureza e de dar a oferenda ao seu Orixá regente, poderá escolher o local onde, aí sim, entrará na irradiação do centro-neutro consagratório dele, conforme é ensinado aqui.

6º) Uma coisa é a saudação e o pedido de licença às forças e aos poderes de um campo vibratório. A outra é todo o cerimonialismo da consagração dos seus objetos.

7º) Este *Formulário* ensina e descreve ambos os procedimentos detalhadamente. Siga-os corretamente que será muito bom para você.

8º) Aproveite, enquanto espera para retirar seus objetos do círculo consagratório, para ali, sob a irradiação vertical do Orixá, pedir-lhe que o abençoe e o ampare em sua caminhada terrena, assim como, peça-lhe que o consagre servo do Divino Criador Olodumaré e médium-instrumento de sua vontade divina.

Aproveite cada momento em seu benefício desde o instante que chegar aos pontos de forças da natureza.

9º) Se levar acompanhantes, exija que todos se mantenham numa postura de respeito e reverência para com a natureza, suas forças e seus poderes e para com o Orixá consagrador.

Umbanda tem fundamentos, é preciso conhecê-los, prepará-los e respeitá-los.

Consagrações na Irradiação de Iemanjá

A Umbanda é regida pelo setenário sagrado porque cada um dos seus Orixás, que são poderes divinos, atua nas sete vibrações divinas e, em cada uma, assumem uma identificação com o elemento correspondente a eles.

Então, por ser assim, certas regras consagratórias devem ser observadas nas consagrações mágica e elemental de um objeto litúrgico ou protetor.

Iemanjá, como todos sabem, é associada ao mar, porque suas vibrações e energia condensam-se mais facilmente na água salgada.

A consagração de um objeto na força dela deve ser feita à beira-mar, pois ali é o seu santuário natural e é onde o objeto será imantado mais intensamente.

Como Iemanjá, enquanto princípio gerador, está nas outras seis irradiações, então o objeto terá de receber sete consagrações elementais, uma para cada uma das sete "Iemanjás".

Como entrar no centro-neutro de Iemanjá

a) Chegando à beira-mar, escolha o local onde irá firmar seu círculo consagratório.

b) Deixe suas coisas no solo, ajoelhe-se e bata palmas (3x3), pedindo-lhe licença para avançar até seu centro-neutro, onde irá firmar seu círculo consagratório.

c) Levante-se, curve o corpo para a frente, una as mãos em concha e avance três passos com o pé direito, torne a ajoelhar-se e mais uma vez bata palmas (3x3). A seguir, torne a levantar-se, curvar-se e, com as mãos unidas em concha, dê mais três passos à frente com o pé direito, tornando a ajoelhar-se e bater palmas (3x3). Então mais uma vez levante-se, curve-se para a frente e avance três passos, mantendo as mãos unidas em concha. Então, ajoelhe-se, bata palmas (3x3), saúde a senhora Iemanjá e peça-lhe licença para firmar um círculo consagratório no seu centro-neutro. Peça permissão para movimentar-se livremente dali em diante e até se retirar. Então, e só então, vá apanhar suas coisas para iniciar a sua consagração.

Apresentação na irradiação de Iemanjá

Observações importantes:

1ª) Em cada consagração devem reverenciar a Iemanjá correspondente, depositando ao lado do local da consagração uma oferenda ritual a ela.

2ª) Sempre, antes de cada consagração, deve-se apresentar o objeto a ser consagrado ao alto, ao embaixo, à direita e à esquerda, ao à frente e ao atrás. Ao tempo e ao em volta, a apresentação deve ser feita corretamente e, no caso de Iemanjá, deve posicionar-se de frente para o mar que, nesse campo vibratório, é o seu "à frente".

Proceda assim, já de frente para o mar:

a) Ajoelhe-se e eleve o objeto acima da sua cabeça e, segurando-o com as duas mãos, diga estas palavras rituais: "Apresento "ao alto" e a todos os seus poderes, mistérios e forças naturais esse meu objeto (citar o nome do objeto) que vou consagrar no poder, nos mistérios e nas forças naturais de minha mãe Iemanjá, dando-lhe poderes mágicos e litúrgicos".

b) Ajoelhe-se e coloque o objeto sobre a areia e diga as palavras rituais do item *a*, só que se dirigindo "ao embaixo".

c) Vire-se, sem sair do lugar, e ainda ajoelhado, para a sua esquerda e, segurando o objeto com a mão esquerda, enquanto mantém a direita atrás das costas, repetir as palavras rituais, só que se dirigindo-se "à esquerda".

d) Vire-se, sem sair do lugar, para a direita e, segurando o objeto em sua mão direita, enquanto mantém a esquerda atrás das costas, apresente-o repetindo as palavras rituais, só que se dirigindo "à direita".

e) Volte-se de frente para o mar e, segurando o objeto com a mão direita, enquanto mantém a mão esquerda atrás das costas, repita as palavras rituais e apresente-o ao seu "à frente".

f) Sem sair do lugar, e ainda de joelhos, vire-se de costas para o mar e, segurando o objeto com a mão esquerda, enquanto mantém a mão direita atrás das costas, repita as palavras de apresentação, dirigindo-se "ao atrás".

g) A seguir, volte-se de frente para o mar, levante-se, segure-o com as duas mãos em concha, eleve-o até a altura dos seus olhos e apresente-o "ao tempo".

h) Após apresentá-lo ao tempo, curve-se e, segurando-o com as mãos em concha e à sua frente, apresente-o ao seu "em volta" fazendo primeiro um giro à esquerda, de 360°, após ficar novamente de frente para o mar, apresente-o ao seu "em volta" girando 360° à direita, até ficar novamente de frente para o mar.

Observação importantíssima: esta apresentação completa (alto-embaixo, direita-esquerda, à frente-atrás, ao tempo e ao envolta, à esquerda e ao em volta a direita) deve ser feita na consagração de todos os objetos, tanto antes quanto depois de cada consagração dele.

– Antes, diga estas palavras: "Eu apresento o meu objeto (citar o nome dele) que vou consagrar na irradiação de minha mãe Iemanjá".

– Após, diga estas palavras: "Eu apresento o meu (citar o nome do objeto) que consagrei na irradiação de minha mãe Iemanjá".

Oração consagratória a Iemanjá

– Minha mãe Iemanjá, em nome do Divino Criador Olodumaré, em nome da Lei Maior e da Justiça Divina, em nome do Mistério da Geração da Vida, em nome de todas as forças naturais e em meu nome sagrado (pois todos temos um), eu vos peço humildemente que imante este objeto, consagrando-o na sua irradiação, no seu poder gerador e nas suas forças naturais sustentadoras da geratividade, dando a ele os poderes mágicos e litúrgicos de irradiar energias e vibrações positivas e sustentadoras da vida e de absorver e enviar ao polo negativo da sua irradiação divina todas as energias e vibrações negativas e anuladoras da vida.

Amém.

Obs.: Esta oração consagratória só irá mudar na parte grifada – "Geração da Vida"– pois nas outras irradiações será Gerador da Evolução, do Conhecimento, etc., perfazendo as sete Iemanjás.

Ordem de consagrações para Iemanjá

1ª– Consagração: na água ➔ Mistério da Geração da Vida

2ª– Consagração: na terra ➔ Mistério Gerador da Evolução

3ª– Consagração: no vegetal ➔ Mistério Gerador do Conhecimento

4ª– Consagração: no mineral ➔ Mistério Gerador da Concepção

5ª– Consagração: no cristal ➔ Mistério Gerador da Fé e da Religiosidade

6ª– Consagração: no ar ➔ Mistério Gerador da Ordem e do Direcionamento

7ª– Consagração: no fogo ➔ Mistério Gerador do Equilíbrio e da Razão

1ª Consagração a Iemanjá: na água (à beira-mar)

a) Dirigir-se ao local indicado; entrar no centro-neutro de Iemanjá; firmar um círculo com sete velas azul-claras; colocar dentro do círculo uma tigela com água do mar e pétalas de rosas brancas maceradas.

b) Fazer a apresentação do(s) objetos(s); banhe-os com água do mar; coloque-os dentro da tigela; cubra-os com um tecido azul-claro; faça a oração consagratória; aguarde de 15 a 30 minutos; retire-os; banhe-os com água doce; enxugue-os; reapresente-o; envolva-o(s) com um pano azul; retire-se e só volte a descobri-lo em sua segunda consagração.

2ª Consagração a Iemanjá: na terra

a) Dirigir-se a um local à beira-mar; entrar no centro-neutro como foi ensinado; abrir um buraco na areia; firmar sete velas azul-claras e sete velas roxas intercaladas; derramar um pouco de água doce no buraco; colocar pétalas de rosas brancas no fundo dele.

b) Apresentar o objeto; envolvê-lo com um pano azul-claro; colocá-lo dentro do buraco; cobri-lo com areia; fazer a oração consagratória; aguardar de 15 a 30 minutos; retirá-lo; banhá-lo com água doce; enxugá-lo; reapresentá-lo; envolvê-lo com um pano azul-claro e só voltar a descobri-lo na sua terceira consagração.

3ª Consagração a Iemanjá: no vegetal

a) Dirigir-se à beira-mar; entrar; firmar um círculo com sete velas azul--claras e sete velas verdes; estender um pano azul dentro do círculo e cobri-lo com pétalas de rosas brancas.

b) Apresentar o seu objeto; banhá-lo com água do mar; colocá-lo dentro do círculo; cobri-lo com pétalas de rosas brancas; cobri-lo com pano azul-claro; fazer a oração consagratória; esperar de 15 a 30 minutos para retirá-lo; banhá-lo com água doce; enxugá-lo; reapresentá-lo; envolvê-lo com um pano azul; retirar-se e só voltar a descobri-lo em sua quarta consagração.

4ª Consagração a Iemanjá: no mineral

a) Dirigir-se à beira-mar; entrar; firmar um círculo de sete velas azul-claras e sete velas rosas; colocar um pano azul-claro dentro dele; colocar sobre o pano uma tigela com água do mar; colocar dentro da tigela um bom punhado de pedriscos ou de pedras roladas (água-marinha, cristais., etc.).

b) Apresentá-lo; colocá-lo dentro da tigela; cobri-lo com um pano azul--claro; fazer a oração consagratória; aguardar de 15 a 30 minutos; retirá-lo; banhá-lo com água doce; enxugá-lo; reapresentá-lo; retirar-se e só voltar a descobri-lo em sua quinta consagração.

5ª Consagração a Iemanjá: no cristal (no tempo)

a) Dirigir-se à beira-mar; entrar; firmar um círculo com sete velas azul-claras; sete velas brancas e sete velas azul-escuras acesas e intercaladas; colocar dentro dele um pano azul-claro; colocar sal grosso sobre o pano.

b) Apresentá-lo; colocá-lo dentro do círculo; cobri-lo com sal grosso; cobri-lo com um pano azul-claro; fazer a oração consagratória; aguardar de 15 a 30 minutos; retirá-lo; banhá-lo com água doce; enxugá-lo; reapresentá-lo; envolvê-lo com um pano azul-claro; retirar-se e só voltar a descobri-lo em sua sexta consagração.

6ª Consagração a Iemanjá: no ar

a) Dirigir-se à beira-mar; entrar; firmar um círculo com sete velas azul--claras e sete velas amarelas acesas e intercaladas; estender um pano azul-claro nele.

b) Apresentá-lo; banhá-lo com água do mar; colocá-lo no círculo; fazer a oração consagratória; aguardar de 15 a 30 minutos; retirá-lo; banhá-lo com água doce; enxugá-lo; reapresentá-lo; cobri-lo com um pano azul; retirar-se e só voltar a descobri-lo na sua sétima consagração.

7ª Consagração a Iemanjá: no fogo

a) Dirigir-se à beira-mar; estender um pano azul-claro sobre a areia; colocar sete alguidares pequenos ao redor dele; por fora dos alguidares, firmar sete velas azul-claras.

b) Apresentar o objeto; banhá-lo com água do mar; colocá-lo no círculo; cobri-lo com outro pedaço de pano azul-claro; colocar álcool dentro dos sete alguidares e pôr fogo no álcool; fazer a oração consagratória; aguardar de 15 a 30 minutos; retirar o objeto; banhá-lo com água doce; enxugá-lo e reapresentá-lo; cobri-lo com um tecido azul-claro; retirar-se e só voltar a descobri-lo no dia seguinte.

Com isso feito corretamente, o(s) seu(s) objeto(s) estarão realmente consagrados e terão um poder de realização único!

Obs: As consagrações poderão ser feitas, uma de cada dia, em sete dias seguidos ou segundo sua disponibilidade de tempo, intercalando suas consagrações. Você só deverá descobrir os seus objetos e começar a usá-los após as suas consagrações.

Consagrações na Irradiação de Ogum

Ogum é poder manifestado pelo Divino Criador Olodumaré e, como tal, está em tudo como ordenador e encaminhador de todos (seres, criaturas, espécies e processos).

Por ser esse poder ordenador e encaminhador, Ogum também flui pelas sete vibrações divinas e em cada uma delas recebe os nomes do elemento ou do sentido correspondentes a cada uma delas.

Assim sendo, temos estas classificações de Ogum:
- Ogum do Ar ou da Lei
- Ogum do Fogo ou da Justiça
- Ogum dos Minerais ou da Concepção
- Ogum da Terra ou da Evolução
- Ogum da Água ou da Geração
- Ogum dos Vegetais ou do Conhecimento
- Ogum dos Cristais ou da Fé

A sequência das consagrações é a mesma que usamos para nomear os sete Oguns "elementais" ou as sete manifestações de Ogum através das sete vibrações divinas.

Notas:

1ª) Os objetos consagrados a Ogum devem ser deixados no do círculo de velas entre 30 e 45 minutos.

2ª) Todos os objetos ser consagrados a Ogum devem ser banhados com cerveja clara antes de serem colocados no círculo mágico, pois ela condensa a vibração energética que eles absorverão, facilitando sua imantação.

3ª) Após a consagração, os objetos devem ser banhados com água, enxugados e enrolados em um tecido azul-índigo, só voltando a ser descobertos na consagração seguinte.

4ª) A cada oração consagratória, apenas o mistério evocado mudará, mantendo-se todo o resto da oração.

5ª) Todos os objetos devem ser apresentados antes e depois da consagração deles.

Oração consagratória a Ogum

– Meu pai Ogum, em nome do Divino Criador Olodumaré, em nome da Lei Maior e da Justiça Divina, em nome do Mistério Ordenador da Criação, em nome de todos os poderes divinos e de todas as forças naturais e em meu nome sagrado eu peço-lhe que imante este (dizer o nome do objeto), consagrando-o na sua irradiação divina, no seu poder ordenador e nas suas forças naturais sustentadoras das criação, dando a ele os poderes mágicos de irradiar energias e vibrações positivas e ordenadoras da vida e, também, dando-lhe o poder de absorver energias e vibrações caóticas e desordenadoras da vida e da criação, enviando-as ao polo negativo de sua irradiação.

Amém.

Obs.: Na 1ª consagração (no ar), o mistério evocado é o ordenador da criação (da Lei Maior).

Na 2ª consagração (no fogo), o mistério evocado é o ordenador da Justiça Divina.

Na 3ª consagração (no mineral), o mistério evocado é o ordenador da concepção.

Na 4ª consagração (na terra), o mistério evocado é o ordenador da evolução.

Na 5ª consagração (na água), o mistério evocado é o ordenador da geração.

Na 6ª consagração (nos vegetais), o mistério evocado é o ordenador do conhecimento.

Na 7ª consagração (nos cristais), o mistério evocado é o ordenador da fé.

Procedimentos para entrar na irradiação de Ogum

1º) Dirija-se aos campos indicados para cada uma das suas consagrações.

2º) Ajoelhe-se perto do local onde irá firmar os círculos consagratórios, curve-se até tocar o solo com a testa, saúde-o e peça sua licença para adentrar seu centro-neutro e nele consagrar seus objetos.

3º) Levante-se; curve-se levemente para a frente; bata palmas (3x3) e peça permissão para avançar até o local onde irá firmar o círculo.

4º) Após isso, dê sete passos firmes com o pé direito e, no sétimo, ajoelhe-se, curve-se, toque o solo com a testa, estenda o corpo todo no solo, toque o solo com a testa e saúde-o; toque o solo com o lado esquerdo da testa saudando a esquerda dele; toque o solo com o lado direito da testa saudando a direita dele; torne a tocar o solo com a testa e peça-lhe a sua bênção e licença para movimentar-se livremente até terminar e sair de seu centro-neutro.

5º) Para sair, repita tudo o que fez no quarto item e peça licença para sair. A seguir, levante-se, dê sete passos firmes para trás, com o pé direito, e no sétimo passo, ajoelhe-se, curve-se, toque o solo com a testa, peça-lhe sua bênção e sua licença para ir para a sua casa.

Esses procedimentos deverão ser feitos em todas as sete consagrações na irradiação de Ogum.

Apresentação dos objetos na consagração de Ogum

Com o círculo já firmado, proceda assim:

1º) De frente para o círculo, pegue o objeto com as duas mãos unidas em concha e eleve-o acima da cabeça, abaixe-o até tocá-lo no solo, leve-o à sua direita e depois à sua esquerda e então diga estas palavras: "Apresento este meu (dizer o nome do objeto) ao alto, ao embaixo, à direita e à esquerda do meu pai Ogum, e peço licença para consagrá-lo na irradiação do meu pai Ogum".

2º) Após essa apresentação, vire-se de costas para o círculo e proceda como no item *1º*.

3º) Após essa segunda apresentação, volte-se para o círculo, ajoelhe-se, encoste o objeto no solo, eleve-o acima da cabeça, traga-o até o peito, leve-o à frente, levante-se e dê uma volta em sentido anti-horário ao redor do círculo, dizendo estas palavras: "Apresento ao em volta, à esquerda do meu pai meu (.........) que irei consagrar na irradiação do meu pai Ogum".

4º) Ajoelhe-se novamente, encoste o objeto no solo, eleve-o acima da cabeça, traga-o até o peito, leve-o à frente, levante-se e dê uma volta em sentido horário ao redor do círculo e diga estas palavras: "Apresento ao envolta à direita do meu pai Ogum este meu (........) que irei consagrar na sua irradiação".

5º) Ajoelhe-se, repita os movimentos acima, abaixo, à direita e à esquerda com o objeto, eleve-o com as duas mãos acima da cabeça, levante-se e, com ele acima da cabeça, dê um giro à esquerda e outro à direita sobre si mesmo e diga estas palavras: "Apresento ao Tempo este objeto que vou consagrar na irradiação do meu pai Ogum".

A seguir, pode consagrá-lo. E, após, reapresente-o às mesmas forças, só mudando as palavras "vou consagrar" por "que consagrei".

Bom, agora, ordenadamente, você já tem os conhecimentos para consagrar na irradiação de Ogum todos os seus objetos mágicos e litúrgicos, que podem ser feitos juntos ou separados, pois a irradiação é a mesma para todos eles. Vamos às consagrações no poder de Ogum!

1ª Consagração a Ogum: no ar (em um campo aberto)

a) Firmar um círculo mágico com sete velas azul-escuras acesas em um campo aberto.
b) Colocar um pedaço de tecido na cor azul-índigo no círculo.
c) Colocar sobre o tecido folhas de eucalipto, forrando-o.
d) Apresentar o objeto a ser consagrado.
e) Banhá-lo com cerveja clara e colocá-lo sobre as folhas de eucalipto.
f) Fazer a oração consagratória.
g) Após a oração, aguardar de 30 a 45 minutos, reapresentá-lo, já consagrado; banhá-lo com água, enxugá-lo e envolvê-lo com um tecido azul-índigo, só voltando a descobri-lo para a sua segunda consagração.

Lembrete:
Não se esqueçam de "entrar e sair" de forma correta no campo vibratório das divindades na natureza.

2ª Consagração a Ogum:
no fogo (perto de uma pedreira)

a) Firmar um círculo com sete velas azul-escuras e sete velas vermelhas, intercaladas uma a uma.
b) Colocar um pedaço de tecido azul-índigo no círculo mágico.
c) Colocar ao redor do círculo de velas (do lado de fora) sete alguidares pequenos com álcool e atear fogo neles.
d) Banhar com cerveja e envolver o objeto em um tecido vermelho e colocá-lo sobre o tecido azul-índigo.
e) Envolver todo o objeto (já enrolado com o tecido vermelho) com o tecido azul-índigo.
f) Fazer a oração consagratória e esperar de 30 a 45 minutos antes de banhá-lo com água, reapresentá-lo, envolvê-lo em um tecido azul-índigo e retirar-se, só voltando a descobri-lo na apresentação seguinte.

3ª Consagração a Ogum: nos minerais
(perto de uma cachoeira)

a) Formar um círculo com velas azul-escuras, brancas e vermelhas (sete de cada) acesas intercaladas, nessa ordem: uma azul, uma branca e uma vermelha.

b) Colocar um tecido azul-índigo no centro do círculo.

c) Forrá-lo com pedriscos ou pedras roladas de hematita e granada. A seguir, banhe o objeto com cerveja.

d) Apresentar e colocar sobre os pedriscos o objeto a ser consagrado na vibração mineral.

f) Envolvê-lo com o tecido azul-índigo e fazer a oração consagratória.

g) Esperar de 30 a 45 minutos, banhá-lo com água, reapresentá-lo, envolvê-lo com um tecido azul-índigo, retirar-se corretamente, só voltando a descobri-lo na consagração seguinte.

Obs.: Os pedriscos devem ser levados para casa.

4ª Consagração a Ogum: na terra
(em um solo arenoso)

a) Firmar um círculo de sete velas azul-escuras e sete roxas, acesas.

b) Abrir um buraco no centro do círculo.

c) Derramar um pouco de cerveja (em cruz) no buraco no solo.

d) Apresentar o objeto, banhá-lo com cerveja clara, envolvê-lo em um pedaço de tecido azul-índigo, colocá-lo no buraco, cobri-lo com terra e fazer a oração evocatória.

e) Esperar de 30 a 45 minutos, desenterrar o objeto, descobri-lo, lavá-lo com água, reapresentá-lo, envolvê-lo com um tecido azul-índigo, retirar-se corretamente, só voltando a descobri-lo na sua consagração seguinte.

5ª Consagração a Ogum: na água
(à beira-mar ou beira-rio)

a) firmar um círculo de velas brancas, azul-escuras e azul-claras (sete velas cada uma, acesas e intercaladas).

b) Colocar um tecido azul-índigo no centro do círculo.

c) Colocar sobre o tecido uma tigela ou travessa de vidro ou louça com água do mar.

d) Apresentar o objeto, banhá-lo com cerveja, colocá-lo dentro da tigela, cobri-lo com um tecido branco, fazer a oração evocatória, aguardar de 30 a 45 minutos, descobri-lo, banhá-lo com água doce, reapresentá-lo, envolvê-lo em um tecido azul-índigo, retirar-se corretamente, só voltando a descobri-lo na sua consagração seguinte.

6ª Consagração a Ogum: no vegetal
(em um bosque ou mata)

a) Abrir um círculo de velas brancas, azul-escuras, verdes e vermelhas (sete de cada, acesas e firmadas intercaladamente).

b) Colocar um tecido azul-índigo no centro do círculo e forrá-lo com folhas diversas (pitangueira, alecrim, guiné, etc.).

c) Apresentar o objeto; banhá-lo com cerveja clara; colocá-lo sobre as folhas e cobri-lo todo com mais folhas de vegetais; envolvê-lo todo com o tecido azul-índigo; fazer a oração consagratória; esperar de 30 a 45 minutos; descobri-lo. Reapresentá-lo; envolvê-lo com um tecido azul-índigo; retirar-se corretamente, só voltando a descobri-lo na sua 7ª consagração.

7ª Consagração a Ogum: no cristal
(em um descampado)

a) Fazer um círculo com sete velas azul-escuras e sete velas brancas acesas e firmadas, intercalando-as.

b) Colocar um pedaço de tecido na cor azul-índigo dentro do círculo.

c) Derramar sal grosso sobre o tecido, forrando-o.

d) Apresentar o objeto; banhá-lo com cerveja; colocá-lo sobre o sal grosso; cobri-lo com um tecido branco; fazer a oração consagratória; derramar, em cruz, sobre ele (sete vezes), um pouco de cerveja clara; aguardar de 30 a 45 minutos; banhá-lo com água; enxugá-lo; reapresentá-lo; envolvê-lo com o tecido azul-índigo e retirar-se corretamente, só voltando a descobri-lo após 24 horas, com ele já pronto para ser usado ou colocado em seu altar, se for um objeto de uso litúrgico.

Se for um colar de proteção ou de trabalhos espirituais, use-o no pescoço como protetor ou mande entregá-lo para o seu guia espiritual quando ele estiver incorporado em você.

Lembre-se de que um colar de Ogum consagrado como ensinamos aqui é, em si, um espaço mágico, e interage com todas as faixas vibratórias, dimensões e planos da vida, e poderá ser usado com a finalidade de recolher energias e forças espirituais negativas, enviando-as aos polos negativos das irradiações de Ogum, onde serão neutralizadas, diluídas ou esgotadas.

Lembre-se também de que seu colar consagrado "capta" as vibrações negativas projetadas contra você e, caso perceba ou pressinta isso, bastará estendê-lo no solo, em círculo, firmar no centro dele uma vela azul-escura, branca ou vermelha e clamar ao senhor Ogum que recolha todas as fontes projetadoras dessas vibrações (demandas, bruxedos, necromancias, etc.) que elas imediatamente serão puxadas para dentro do espaço mágico formado pelo seu colar.

Lembrete: caso algum desafeto ou inimigo tenha colocado o seu nome ou feito algum trabalho contra você na "tronqueira" dele, ficará sem a força que ativou, pois ela será puxada integralmente para o polo negativo da irradiação do Orixá Ogum. Às vezes, todas as forças da "tronqueira" são puxadas e quem faz tais trabalhos fica sem sua "esquerda".

Um colar de trabalhos espirituais, feito e consagrado segundo ensinamos aqui (os de todos os Orixás), se passado ao redor do corpo de uma pessoa e deixado no solo ao redor dos pés dela, imediatamente começa a descarregá-la e a puxar para o polo negativo do seu Orixá regente todas as cargas energéticas, espirituais e mágicas projetadas contra ela e também as que a pessoa atraiu para si por causa de suas negativações mentais.

– Umbanda tem fundamento, é preciso preparar!

Então, amigo leitor e irmão de fé, prepare os seus "instrumentos" e use-os para que possa descobrir por si mesmo quanto são poderosos os fundamentos da sua religião, mágica por excelência.

Consagrações na Irradiação de Xangô

Xangô é o Orixá que gera e irradia o equilíbrio existente na criação divina, nos seres e nos meios habitados por eles.

Xangô é em si o equilíbrio manifestado por Deus, o nosso Divino Criador Olodumaré, e sua irradiação equilibradora flui através das sete vibrações divinas, equilibrando tudo e todos.

Sua energia é ígnea e sua associação com o fogo e os raios incandescentes não é causal.

Logo, sua associação com o vermelho vivo é automática, pois quando sua energia se concentra em um objeto, este se torna rubro vivo.

O tecido usado para envolver os objetos que serão consagrados por ele deve ser de cor vermelha viva.

Como ele está presente em todas as sete vibrações divinas como o poder equilibrador de tudo e de todos, assim como do fluir permanente delas em toda a criação, então ele tem um manifestador seu em cada uma delas.

Os seus sete manifestadores são estes:

- Xangô do Fogo na vibração ígnea
- Xangô do Ar na vibração eólica
- Xangô da Terra na vibração telúrica
- Xangô dos Cristais na vibração cristalina
- Xangô dos Minerais na vibração mineral
- Xangô dos Vegetais na vibração vegetal
- Xangô da Água na vibração aquática

Que nos sete sentidos são nomeados assim:

- Xangô da Justiça e da Razão
- Xangô da Lei e da Ordem

- Xangô da Evolução e do Saber
- Xangô da Fé e da Religiosidade
- Xangô da Concepção e do Amor
- Xangô do Conhecimento e da Ciência
- Xangô da Geração e do Criacionismo

Os objetos consagrados a Xangô devem permanecer de 15 a 25 minutos nos seus círculos consagratórios. O local de consagrá-los é em montanhas pedregosas ou sobre alguma rocha que sirva como seu altar natural.

É sobre uma rocha ou pedra-mesa que devemos abrir seu círculo mágico, exceto quando o consagrar na terra, pois o seu objeto terá que estar nela.

Já na consagração na água é preciso ter uma bacia de "ágata" para colocá-los parcial ou totalmente dentro dela.

Oração consagratória a Xangô

– Orixá Xangô, senhor da razão e do equilíbrio, eu o saúdo respeitoso e reverente e, em nome do Divino Criador Olodumaré, clamo ao senhor que consagre este (dizer o nome do objeto a ser consagrado), imantando-o com seu poder divino, dando a ele as qualidades, capacidade e poder mágico-litúrgico para que eu possa usá-lo como meu protetor (ou como objeto mágico ou litúrgico) ou para que o meu guia espiritual possa usá-lo durante os seus trabalhos espirituais.

Meu senhor Xangô, em nome do Divino Criador Olodumaré, eu clamo nesse momento, que o senhor consagre este (dizer o nome do objeto) no seu mistério equilibrador da Justiça Divina e da razão.

Amém!

Os sete mistérios de Xangô

1º) Mistério Equilibrador da Justiça Divina e da Razão
2º) Mistério Equilibrador da Lei e da Ordenação
3º) Mistério Equilibrador da Evolução e do Saber
4º) Mistério Equilibrador da Fé e da Religiosidade
5º) Mistério Equilibrador do Amor e da Concepção
6º) Mistério Equilibrador do Conhecimento e do Raciocínio
7º) Mistério Equilibrador da Geração e da Criação.

Como entrar nos domínios de Xangô

Dirija-se ao local indicado; ajoelhe-se; bata palmas (3x3), peça-lhe licença para entrar em seus domínios; cruze o solo à frente e toque-o com a testa. Em seguida, ainda ajoelhado, avance de joelhos sete "passos" à frente, com a perna direita, e após dar o sétimo torne a cruzar o solo à frente e encoste a testa nele, saudando-o e pedindo-lhe bênção e licença para ali abrir seu círculo consagratório e para movimentar-se livremente até sair e ir para casa. Para sair, proceda do mesmo jeito, mas em sentido inverso.

Apresentação dos objetos a serem consagrados ou que já foram consagrados

Após o círculo mágico ter sido firmado, deve-se proceder assim:

1º) De frente para o círculo, eleve o objeto acima da cabeça, segurando-o com a mão direita e diga estas palavras: "Apresento ao alto do meu pai Xangô este (citar o nome do objeto), que irei consagrar na sua irradiação divina".

2º) A seguir, passe-o para a mão esquerda, curve-se bem e encoste-o no solo, dizendo essas palavras: "Apresento ao embaixo do meu pai Xangô este meu (............), que irei consagrar na sua irradiação divina".

3º) A seguir, ajoelhe-se, passe o objeto para a mão direita, estenda o braço para a sua direita e diga estas palavras: "Apresento à direita do meu pai Xangô este meu (..........), que irei consagrar na sua irradiação divina".

4º) A seguir, ainda de joelhos, passe-o para a mão esquerda, estenda o braço para a sua esquerda e diga estas palavras: "Apresento à esquerda do meu pai Xangô este meu (.........), que irei consagrar na sua irradiação divina".

5º) A seguir, ainda de joelhos, curve-se até tocar o solo com a testa. Então, segurando o objeto com as duas mãos à frente da sua cabeça, diga estas palavras: "Apresento ao em frente do meu pai Xangô este (.........), que irei consagrar na sua irradiação divina".

6º) Vire-se em seguida pelo lado esquerdo até ficar de costas para o círculo consagratório e posicione-se como no item anterior e diga estas palavras: "Apresento ao atrás do meu pai Xangô este meu (.......), que irei consagrar na sua irradiação divina".

7º) A seguir, volte a ficar de frente para o círculo, dê uma volta ao redor dele em sentido anti-horário, segurando o objeto com a mão direita um pouco afastada do seu corpo e diga estas palavras: "Apresento ao em volta à esquerda do meu pai Xangô este meu (............), que irei consagrar na sua irradiação divina".

8º) A seguir, com o objeto na mão esquerda e um pouco afastado do corpo, dê uma volta em sentido horário ao redor do círculo e diga estas palavras: "Apresento ao envolta à direita do meu pai Xangô este meu (............), que irei consagrar na sua irradiação divina".

9º) A seguir, com o objeto seguro com as duas mãos acima de sua cabeça, dê uma volta horária e outra anti-horária ao redor do círculo e diga estas palavras: "Apresento ao Tempo este meu (..........), que irei consagrar na sua irradiação divina".

Obs.: Após consagrá-lo, faça a reapresentação dele do mesmo jeito, só mudando o "irei consagrar" por "que consagrei".

Na primeira consagração, o mistério a ser evocado é o equilibrador da Justiça Divina e da Razão. Já, nas seguintes, serão Mistérios Equilibradores da Lei e da Ordem; da Evolução e do Saber; etc.

Os procedimentos são os mesmos, tanto na chegada quanto na saída dos locais escolhidos para suas consagrações.

1ª Consagração a Xangô: no fogo (em uma pedreira)

a) Afirmar um círculo de velas vermelhas acesas, firmadas sobre uma pedra-mesa.
b) Colocar um pedaço de tecido vermelho no centro do círculo de velas.
c) Apresentar o(s) objeto(s) que será(ão) consagrado(s).
d) Banhá-lo(s) com cerveja preta; colocá-lo(s) sobre o tecido; fazer a oração consagratória; derramar um pouco de álcool em volta da pedra-mesa (na parte em contato com a terra) e colocar fogo, criando um círculo ígneo ao redor de toda ela. E, ainda que o fogo se apague logo, é bastante para concentrar na pedra-mesa a energia suficiente para que o seu objeto receba a imantação ígnea integral e adquira o poder de ativar-se como círculo mágico consumidor de todos os tipos de energias elementares negativas, assim como adquire o poder de abrir dentro de si um círculo, se for vazado (colar, anel, bracelete, pulseira, coroa, tiara, aro, etc.), ou adquire o poder de criar ao seu redor um círculo de fogo, se for maciço (imagem, bloco de pedra, drusa, instrumento mágico, etc.) – sempre que você desejar usá-lo e ativá-lo com essa finalidade.

Esse círculo ígneo se conectará automaticamente com o polo negativo da irradiação pura do Orixá Xangô elemental e nele serão consumidas todas as energias negativas e serão purificados dos seus negativismos e vícios os espíritos que forem recolhidos nele (círculo ígneo).

e) Esperar de 15 a 25 minutos após a evocação; recolher o objeto; banhá-lo com água mineral radioativa; enxugá-lo; reapresentá-lo, já consagrado; envolvê-lo em um tecido vermelho, retirar-se do local e só voltar a desembrulhá-lo para submetê-lo à sua segunda consagração na irradiação do Orixá Xangô.

2ª Consagração a Xangô: no ar (em uma pedreira)

a) Firmar um círculo de sete velas vermelhas acesas sobre uma pedra-mesa.
b) Colocar um pedaço de tecido branco no centro do círculo.
c) Apresentar o objeto.
d) Banhar com cerveja preta o objeto a ser consagrado e colocá-lo sobre o tecido branco no centro do círculo.
e) Fazer a oração consagratória; esperar de 15 a 25 minutos; banhá-lo com água mineral radioativa; enxugá-lo; reapresentá-lo; envolvê-lo em um tecido vermelho; retirar-se e só tornar a desembrulhá-lo na consagração seguinte.

Derramar um pouco de álcool ao redor da pedra-mesa, formando um círculo em seu "pé". A seguir, colocar fogo no círculo de álcool.

3ª Consagração a Xangô: na terra (em solo arenoso)

a) Cavar um buraco na terra no qual caiba o objeto a ser consagrado.
b) Firmar um círculo de sete velas vermelhas ao redor do buraco.
c) Apresentar o objeto; banhá-lo com cerveja preta; envolvê-lo todo com um tecido vermelho; colocá-lo no buraco; cobri-lo com terra bem compactada; derramar sobre a terra em cima do objeto um pouco de álcool e acendê-lo; fazer a oração consagratória; esperar de 15 a 25 minutos; desenterrá-lo; banhá-lo com água mineral radioativa; enxugá-lo; reapresentá-lo; envolvê-lo em um tecido vermelho; só voltar a descobri-lo na consagração seguinte.
d) Derramar um pouco de álcool ao redor da pedra-mesa, formando um círculo em seu "pé". A seguir, colocar fogo no círculo de álcool.

4ª Consagração a Xangô: no cristal (em uma pedreira)

a) Fazer um círculo com sete velas vermelhas acesas sobre uma pedra-mesa.
b) Colocar um tecido branco dentro do círculo.
c) Colocar sal grosso sobre o tecido.
d) Apresentar o objeto; banhá-lo com cerveja preta e colocá-lo sobre o sal grosso.
e) Cobri-lo com um tecido vermelho.
f) Fazer a oração consagratória.

g) Derramar um pouco de álcool ao redor da pedra-mesa, formando um círculo em seu "pé". A seguir, colocar fogo no círculo de álcool.

h) Esperar de 15 a 25 minutos; pegar o objeto e banhá-lo com água mineral radioativa; enxugá-lo e reapresentá-lo; envolvê-lo em um tecido vermelho; retirar-se e só voltar a descobri-lo na consagração seguinte.

5ª Consagração a Xangô: no mineral (em uma pedreira)

a) Firmar um círculo com sete velas vermelhas acesas sobre uma pedra-mesa.
b) Colocar uma bacia revestida de ágata no círculo.
c) Colocar na bacia um pouco de água mineral radioativa.
d) Apresentar o objeto; banhá-lo com cerveja preta; colocá-lo na bacia com água; fazer a oração consagratória; esperar de 15 a 25 minutos; retirá-lo e banhá-lo com água mineral radioativa; enxugá-lo; reapresentá-lo; envolvê-lo no tecido vermelho; retirar-se e só voltar a descobri-lo na consagração seguinte.

6ª Consagração a Xangô: no vegetal (em uma pedreira)

a) Firmar um círculo com sete velas vermelhas acesas sobre uma pedra-mesa.
b) Colocar um pano branco no centro do círculo.
c) Colocar sobre o pano branco uma bacia de ágata.
d) Derramar na bacia um caldo de sete ervas maceradas na cerveja preta.
e) Apresentar o objeto; banhá-lo com cerveja preta; colocá-lo na bacia; cobri-la com um pano vermelho; fazer a oração consagratória; esperar de 15 a 25 minutos; descobrir a bacia, apanhar o objeto e banhá-lo com água mineral radioativa; enxugá-lo; reapresentá-lo; envolvê-lo em um tecido vermelho; retirar-se e só voltar a descobri-lo na sua sétima consagração.

7ª Consagração a Xangô: na água (em uma pedreira)

a) Firmar um círculo com sete velas vermelhas acesas sobre uma pedra-mesa.
b) Colocar um pano vermelho no círculo.
c) Colocar a bacia de ágata no círculo.
d) Derramar água mineral não radioativa ou mesmo água doce.
e) Derramar um bom punhado de sal grosso na água e mexer bem.

f) apresentar o objeto; banhá-lo com cerveja preta; colocá-lo na bacia de ágata; cobri-la com um tecido azul-claro; fazer a oração consagratória; esperar de 15 a 25 minutos; descobri-lo e retirá-lo da bacia; banhá-lo com água mineral radioativa; enxugá-lo; reapresentá-lo; envolvê-lo com um tecido vermelho; retirar-se e só voltar a desembrulhá-lo 24 horas depois, quando deverá colocá-lo em seu altar; em seu assentamento de Xangô, entregá-lo ao seu guia espiritual ou colocá-lo em seu pescoço, braço, etc. para usá-lo como protetor.

Após a consagração final, o seu objeto mágico ou litúrgico estará pronto e terá em si a imantação de Xangô nas sete vibrações.

Você poderá usar o seu colar como um círculo mágico poderoso para descarregar dentro dele alguma magia negativa ou alguma projeção mental ou elemental.

Também poderá abri-lo em círculo no piso de sua casa, acender no centro dele uma vela vermelha e evocar o Orixá Xangô para que no poder dele ela seja toda descarregada e purificada.

Obs.: Os colares de trabalhos espirituais devem ser grandes o suficiente para ser passados como um círculo ao redor do corpo dos consulentes, de modo que vão descendo lentamente, até cair no solo, ao redor dos pés deles.

A seguir, deve-se acender uma vela vermelha entre os pés da pessoa e evocar o Orixá Xangô para que, no poder dele, ela seja toda purificada e para que dentro dele sejam recolhidas todas as demandas feitas contra ela.

Só se deve retirá-la do círculo mágico formado pelo colar quando tudo tiver sido feito.

Então, com a pessoa já fora do círculo, deve-se cruzar três vezes a vela com a mão direita, retirá-la e mais uma vez cruzar agora o próprio colar para, só então, pegá-lo, fechando o círculo mágico formado por ele, deixando-o pronto para novo uso quando se fizer necessário.

P.S.: Esse procedimento se aplica a todos os colares consagrados na força de todos os Orixás, tanto os de uso diário, ao redor do pescoço ou atravessado a tiracolo à direita, assim como os de uso nos trabalhos espirituais realizados pelos médiuns ou pelos seus guias espirituais.

Consagrações na Irradiação de Oxóssi

Oxóssi, o Orixá caçador, associado à flora e à fauna, o provedor do sustento da família, é um dos mais cultuados na Umbanda, inclusive os trabalhos espirituais com as linhas de Caboclos são abertos com cantos em louvor a esse Orixá das matas.

Nos cultos afro-brasileiros de origem nigeriana, há nítida separação entre Oxóssi e Ossain, mas na Umbanda ambos se sincretizam e Oxóssi também é o "dono" das folhas, assim como de todos os vegetais.

Oxóssi, no sentido interpretativo oculto, é manifestação do Divino Criador Olodumaré e é em si o conhecimento e o patrono da ciência.

Oxóssi é o Orixá que gera de si a irradiação divina expansora da criação de Olodumaré e fornece as condições para que os meios se expandam para abrigar cada vez mais seres, criaturas e espécies. Ele é o próprio movimento de expansão do Universo, mas também é a capacidade mental de cada um de nós de expandir nossa mente e consciência e evoluir cada vez mais.

Oxóssi, o Orixá caçador e chefe divino dos Caboclos da Umbanda, tem nas matas seu santuário natural e é nelas que devemos consagrar na sua irradiação elemental os nossos objetos de uso mágico ou religioso.

Oxóssi, por ser em si a expansão divina, está presente nas sete vibrações como o fator expansor que elas precisam para continuar a fluir ao infinito.

Mas ele também está presente em todos os mistérios manifestados pelo Divino Criador Olodumaré e atua neles como poder expansor nos meios por onde fluem e se manifestam esses mistérios.

Por isso, Oxóssi está presente nas sete vibrações. E em cada uma delas ele se manifesta como irradiação divina e gera uma hierarquia divina sustentadora de tudo o que existir dentro de cada uma delas, inclusive delas mesmas.

As sete manifestações hierarquizadas de Oxóssi são estas:

• Oxóssi Vegetal ou expansor do Conhecimento
• Oxóssi Aquático ou expansor da Vida
• Oxóssi Telúrico ou expansor da Evolução
• Oxóssi Ígneo ou expansor da Razão
• Oxóssi Eólico ou expansor da Ordem
• Oxóssi Mineral ou expansor da Concepção
• Oxóssi Cristalino ou expansor da Fé

Os procedimentos para as consagrações na irradiação do Orixá Oxóssi seguem a mesma dinâmica das outras consagrações na irradiação dos outros Orixás, já descritos anteriormente, e que são estes:

1º– Adquirir todos os itens necessários.

2º– Dirigir-se ao seu santuário natural (uma mata ou bosque).

3º– Escolher o local onde irá realizar a sua consagração.

4º– Depositar no solo próximo ao local escolhido os itens necessários.

5º– Ajoelhar-se diante do local escolhido e bater palmas (3x3), pedindo-lhe licença para cruzar as sete vibrações em volta do seu centro-neutro (os sete passos dados, cada um simboliza que entramos em uma de suas vibrações).

6º– Dar sete passos, começando com o pé direito.

Obs.: Lembrem-se de que temos de dar sete passos com o pé direito. Logo, após dar o primeiro passo, só levamos o pé esquerdo até plantá-lo ao lado do pé direito, para então darmos o segundo passo. E, se seguido à risca e corretamente, temos de, antes de dar os passos seguintes, saudá-lo e dizer: Dê-me licença para avançar em sua direção, meu pai Oxóssi!

7º– Após dar o sétimo passo, ajoelhar e mais uma vez saudá-lo com palmas (3x3). Devemos pedir sua licença para oferendá-lo, para nos movimentarmos livremente até terminarmos o que ali viemos fazer e de consagrarmos nossos objetos magico-religioso-litúrgico na sua irradiação divina para, só então, nos deslocarmos livremente e iniciarmos nossas consagrações, começando por oferendá-lo. Para saír, proceda do mesmo jeito, mas em sentido inverso, andando para trás.

Isso já havia sido comentado em um capítulo anterior. Só estamos rememorando porque, em se tratando dos sagrados Orixás, não basta amá-los, adorá-los e respeitá-los. É preciso saber como se dirigir a eles e como proceder "diante" deles.

Notas: – O tempo que um objeto consagrado na irradiação do Orixá Oxóssi deve permanecer em seu círculo é de 20 minutos após a oração consagratória.

Em cada oração, por estar consagrando o mesmo objeto por elementos e vibrações diferentes, os mistérios de Oxóssi evocados mudam.

Os mistérios dele a serem evocados seguem esta sequência:
1ª– Evocação: mistério expansor do Conhecimento.
2ª– Evocação: mistério expansor da Vida.
3ª– Evocação: mistério expansor da Evolução.
4ª– Evocação: mistério expansor da Justiça.
5ª– Evocação: mistério expansor da Lei e da Ordem.
6ª– Evocação: mistério expansor da Concepção.
7ª– Evocação: mistério expansor da Fé.

Oração Consagratória a Oxóssi

– Meu pai Oxóssi, em nome do Divino Criador Olodumaré, em nome da Lei Maior e da Justiça Divina, eu clamo ao senhor que me conceda o direito de consagrar este meu (dizer o nome do(s) objetos(s) a ser consagrado(s)), na sua irradiação divina e peço ao senhor que o imante com o poder e o axé do seu <u>Mistério Expansor do Conhecimento,</u> dando a ele a capacidade de concentrar e irradiar mágica e religiosamente esse seu poder e axé elementais.
Amém.

Obs.: A cada oração você deverá mudar o nome do mistério a ser evocado. E, antes de cada consagração deve oferendar o Orixá consagrado (ou o guia, se a consagração for feita na força deste).

Apresentação dos objetos na irradiação de Oxóssi

De frente para o círculo consagratório, proceda assim:

1º) Ajoelhe-se diante dele e diga estas palavras: "Eu apresento ao em volta à esquerda e à direita do meu pai Oxóssi este meu, (citar o nome do objeto), que irei consagrar na sua irradiação divina"! A seguir, levemente curvado para a frente e segurando-o à frente e com as mãos em conchas, dê uma volta em sentido anti-horário e outra em sentido horário em volta do círculo.

2º) Ajoelhe-se novamente de frente para o círculo e, segurando-o com as duas mãos em concha, eleve-o acima da cabeça e encoste-o no solo e diga estas palavras: "Eu apresento ao acima e ao abaixo do meu pai Oxóssi este meu (.........), que irei consagrar na sua irradiação divina".

3º) Ainda ajoelhado e segurando o objeto com as duas mãos em concha, leve-o com as duas mãos à sua direita e à sua esquerda e diga estas palavras: "Eu apresento à direita e à esquerda do meu pai Oxóssi este meu (...........), que irei consagrar na sua irradiação divina".

4º) Ainda ajoelhado, leve as mãos à frente e diga estas palavras: "Eu apresento ao em frente do meu pai Oxóssi este meu (.........), que irei consagrar na sua irradiação divina".

5º) Ainda ajoelhado, vire-se de costas para o círculo pelo seu lado esquerdo, leve as mãos com o objeto à frente e diga estas palavras: "Eu apresento ao atrás do meu pai Oxóssi este meu (..........), que irei consagrar na sua irradiação divina".

6º) A seguir, volte a ficar de frente para o círculo, levante-se, erga as mãos com o objeto até ficar acima de sua cabeça, dê uma volta horária e outra anti-horária ao redor dele e diga estas palavras: "Eu apresento ao Tempo este meu (..........), que irei consagrar na irradiação do meu pai Oxóssi".

Obs.: Essas apresentações devem ser feitas antes e depois de consagrá-los. Após, dizer: "que já consagrei".

1ª Consagração a Oxóssi: no vegetal

a) Fazer um círculo com sete velas verdes acesas, firmadas no chão, em um bosque ou na mata.
b) Colocar um pedaço de pano verde no centro do círculo.
c) Apresentar o objeto.
d) Banhá-lo com água e o sumo da erva macerada nela (escolha uma erva de Oxóssi para macerar na água e leve-a já preparada em uma garrafa em todas as consagrações para Oxóssi. Então, quando citarmos água com erva, estaremos nos referindo a essa água, certo?)
e) Envolver o objeto em um pano verde, colocá-lo no centro do círculo; fazer a oração evocatória; aguardar 20 minutos; retirá-lo; banhá-lo com água "doce", enxugá-lo; reapresentá-lo; envolvê-lo em um pano verde; retirar-se e só voltar a descobri-lo na consagração seguinte.

2ª Consagração a Oxóssi: na água

a) Fazer um círculo com sete velas verdes acesas, no chão de um bosque ou de uma mata.
b) Colocar um pano verde no centro dele.
c) Colocar sobre o pano uma bacia de louça com água do mar e ervas maceradas (três tipos de ervas rituais).
d) Apresentar o objeto; banhá-lo com vinho tinto seco; colocá-lo dentro da bacia com as ervas maceradas; cobri-lo com um pedaço de tecido azul-claro; fazer a oração consagratória; esperar 20 minutos; descobri-lo; banhá-lo com água; enxugá-lo e reapresentá-lo; tornar a envolvê-lo com um pano verde; retirar-se e só voltar a descobri-lo na próxima consagração.

3ª Consagração a Oxóssi: na terra

a) Abrir um buraco no solo, em um bosque ou em uma mata.
b) Derramar um pouco de água dentro do buraco e depois forrá-lo com folhas de ervas rituais.
c) Apresentar o objeto; banhá-lo com vinho tinto seco; envolvê-lo em um tecido verde; colocá-lo dentro do buraco e cobri-lo com folhas de ervas rituais; cobri-lo com terra; fazer a oração consagratória; esperar 20 minutos; desenterrá-lo; retirá-lo; banhá-lo com água; enxugá-lo e reapresentá-lo; envolvê-lo com um pano verde; retirar-se e só voltar a descobri-lo na consagração seguinte.

4ª Consagração a Oxóssi: no fogo

a) Fazer um círculo com sete velas verdes acesas no chão de um bosque ou de uma mata.
b) Colocar um pano verde no centro do círculo.
c) Colocar sete alguidares pequenos, com um pouco de álcool, dentro deles.
d) apresentar o objeto; banhá-lo com vinho tinto seco; envolvê-lo com um pano vermelho; colocá-lo sobre o tecido verde no centro do círculo; acender os sete alguidares; fazer a oração consagratória; esperar 20 minutos; retirar o objeto do círculo; banhá-lo com água; enxugá-lo; reapresentá-lo; envolvê-lo com um pano verde; retirar-se e só voltar a descobri-lo na consagração seguinte.

5ª Consagração a Oxóssi: no ar

a) Fazer um círculo com sete velas verdes acesas e firmadas, no chão de um bosque.
b) Colocar um pano verde no centro do círculo.
c) Apresentar o objeto; banhá-lo com água e folhas de eucalipto maceradas nela; colocá-lo no centro do círculo; cobri-lo com um pano amarelo; fazer a oração consagratória; esperar 20 minutos; retirá-lo do círculo; banhá-lo com água; enxugá-lo; reapresentá-lo; envolvê-lo com um pano verde; retirar-se e só voltar a descobri-lo na consagração seguinte.

6ª Consagração a Oxóssi: no mineral

a) Firmar um círculo com sete velas verdes acesas, no chão de um bosque ou de uma mata.

b) Colocar um pano verde no centro do círculo.
c) Colocar sobre o pano verde limalha de ferro ou pó de mármore.
d) Apresentar o objeto; banhá-lo com água e erva; envolvê-lo em um tecido de cor dourada e colocá-lo sobre o pó de mármore ou da limalha de ferro; derramar sobre o tecido um pouco de pó ou limalha; fazer a oração consagratória; esperar 20 minutos; retirar o objeto, banhá-lo com água, enxugá-lo e reapresentá-lo; envolvê-lo com um pano verde; retirar-se e só voltar a descobri-lo na consagração seguinte.

7ª Consagração a Oxóssi: no cristal

a) Formar um círculo com sete velas verdes acesas, no chão de um bosque ou de uma mata.
b) Colocar um pano verde no centro dele.
c) Forrar o pano verde com cristais de quartzo.
d) Apresentar o objeto; banhá-lo com água e erva; colocá-lo sobre os cristais e cobri-lo com um pano branco; fazer a oração consagratória; esperar 20 minutos; retirá-lo; banhá-lo com água; enxugá-lo; reapresentá-lo; envolvê-lo com um pano verde; retirar-se e só voltar a descobri-lo 24 horas depois, quando já estará pronto para ser usado como protetor, como colar ou instrumento de trabalhos espirituais e mágicos, para ser dado ao seu guia espiritual, para ser colocado no seu altar ou em algum assentamento de proteção do seu terreiro, local de trabalho ou mesmo de sua casa.

Tal como já comentamos em relação aos objetos consagrados aos outros Orixás, os colares de Oxóssi também podem ser usados como eles, certo?

Consagrações na Irradiação de Oxalá

Oxalá, o Orixá maior da Umbanda, pontifica nos altares como regente religioso de nossa vida e tem a auxiliá-lo nessa tarefa divina todos os outros Orixás que ocupam os polos das Sete Linhas de Umbanda, assim como tem a ajuda das hierarquias divinas e espirituais deles na sustentação do nosso planeta.

Oxalá, caso ainda não saibam, é o Orixá regente do nosso planeta e um objeto consagrado a ele tem de ser levado aos sete campos vibratórios (mar, cachoeira, pedreira, mata, caminho, cemitério, etc.) e consagrado por meio da vibração do "Tempo".

É pela vibração do Tempo que Oxalá "entra" nas sete vibrações divinas e faz surgir o espaço ou os meios nos quais as coisas assumem formas e aparências que as diferenciam umas das outras.

Oxalá é o modelador de tudo o que existe na criação de Deus e tudo subsiste porque recebeu dele uma vibração específica que o amoldou, modelou, concretizou-se e passou a ser visível, sensível e palpável.

"Oxalá é o Orixá das formas!"

Juntamente com Oxumaré, as manifestações de Oxalá são sétuplas, ou seja, toda vez que evocamos Oxalá nos chegam suas sete vibrações de uma só vez.

Com esses dois Orixás isso acontece. Já com os outros, as suas vibrações são ativadas individual ou separadamente.

Como Oxalá é o modelador das sete vibrações divinas, ele deve ter seus objetos mágicos ou litúrgicos consagrados em cada um dos campos vibratórios dos outros Orixás porque, com isso feito, o objeto recebe durante cada uma de suas consagrações as irradiações dos sete mistérios de cada um deles de uma só vez, no seu campo.

Nas consagrações dos objetos na irradiação de Oxalá, o Trono do Tempo deve ser evocado, pois junto com Logunan , ele é o seu regente divino, sendo que ela, em um nível transcendente da criação, é o fator tempo, e ele é o fator modelador das formas que nele existem (o espaço).

Tempo e espaço (Logunan e Oxalá) são os dois mistérios que estão na criação como ela em si mesma, já que Logunan gera os ciclos e ritmos, e Oxalá rege o surgimento das formas, colocando-as sob as leis que regulam esses ciclos e ritmos.

O termo "Orixás" transcende seu significado terreno e podemos afirmar com toda convicção que eles, enquanto mistérios manifestados por Deus, são os governantes da criação, das criaturas, dos meios e dos seres.

Portanto, se na Umbanda são descritos como divindades com atributos afins com nossas necessidades, no entanto, possuem atributos afins com tudo o que existe, seja com uma micropartícula, seja com o próprio Universo.

E, se são descritos como uma "família" de seres divinos nas suas mitologias nigerianas, basta interpretá-las correta e transcendentalmente que veremos, por meio de suas lendas, essa afinidade deles com a Criação do divino Olodumaré, o Senhor de nossa vida e do nosso destino.

Para se "criar" o espaço consagratório de Oxalá, devemos firmar sete velas brancas e dar sete voltas, em sentido anti-horário, ao redor dela e outras sete em sentido horário, só que, após escolher o local, devemos saudá-lo com palmas (3x3), fazer os pedidos de licença e nos dirigir ao lugar onde acenderemos as sete velas juntas.

Bem, é melhor descrever passo a passo os procedimentos para que tudo seja feito corretamente.

Ei-los:

1º) Chegando no lugar escolhido, deixe suas coisas no chão, ajoelhe-se de frente para o local onde irá abrir o círculo consagratório, bata palmas (3x3) e peça licença para avançar até o seu centro-neutro.

2º) A cada passo volte a ajoelhar-se, a bater palmas (3x3) e a pedir licença.

3º) No sétimo passo, acenda as velas e firme-as juntas, formando um feixe.

4º) Após estarem firmadas acesas, saúde-o, bata palmas (3x3) e peça licença para abrir e firmar os sete círculos consagratórios dele.

5º) Marque o local onde está ajoelhado e, com uma vara encostada no ponto marcado para início da formação dos sete círculos consagratórios, levante-se e, segurando a vara com a mão esquerda, risque o solo em sentido anti-horário ao redor do maço de velas brancas acesas, formando um círculo sulcado em volta delas. E, quando chegar no ponto marcado no solo, deve ajoelhar-se, saudá-lo novamente e pedir-lhe licença para abrir a vibração horária ao redor das velas; levante-se e, segurando a vara com a mão direita, caminhe em sentido horário, riscando o solo em cima do sulco do círculo feito no giro anti-horário.

E quando voltarem ao ponto de partida deve ajoelhar-se novamente, saudá-lo com palmas (3x3) e pedir licença para abrir o segundo círculo no solo, ao redor das sete velas.

Esse segundo círculo deverá ser feito ao redor do primeiro e os procedimentos deverão ser os mesmos: um ponto de partida; palmas; pedido de licença para firmar sua vibração anti-horária; novamente ajoelhar-se no ponto de partida, bater palmas, pedir-lhe licença para firmar sua vibração horária, que deverá ser feita com passos dados em sentido horário e com a vara segurada agora com a mão direita, sulcando o mesmo círculo formado no giro anti-horário.

Esse procedimento deve ser seguido à risca até formar sete círculos (sulcos na terra) ao redor do maço de velas acesas.

Então, deverá iniciar a consagração, movimentando-se livremente.

É claro que antes de firmar o círculo consagratório de Oxalá, você já o terá oferendado, ao lado do local escolhido, e pedido a ele licença para isso ali, certo?

Sim, antes de abrir um círculo consagratório a qualquer um dos Orixás, deve-se oferendá-los e pedir licença para abri-los, pois este é o procedimento correto.

Lembrem-se disso sempre: Umbanda tem fundamento, é preciso preparar!

Aí, com os sete círculos riscados no solo, tanto em sentido anti-horário quanto horário, você pode movimentar-se para iniciar a consagração na irradiação dele.

A seguir, vamos dar a oração evocatória de Oxalá e a sequência em que deve ser realizada a consagração dos seus objetos mágicos ou religiosos.

Oração Consagratória a Oxalá

– Meu pai Oxalá, mistério da vida e modelador das formas e da consciência, eu clamo ao senhor e peço-lhe em nome do Divino Criador Olodumaré, que permita que eu consagre este(s) objeto(s) (citar o nome dele(s)), imante-o na vibração divina do seu Mistério Modelador da Fé.

Que, de agora em diante, este (cite o objeto) tenha em si o poder de irradiar sua vibração no nível vibracional terra e seja uma extensão do seu poder divino.

Amém!

As sete consagrações dos seus objetos na irradiação de Oxalá seguem esta ordem:

1ª – Consagração: para Oxalá na vibração cristalina, e o mistério evocado é o mistério modelador da consciência, da fé e da religiosidade dos seres.

2ª– Consagração: para Oxalá na vibração telúrica, e o mistério evocado é o mistério modelador das formas e dos meios da vida.

3ª– Consagração: para Oxalá na vibração aquática, e o mistério evocado é o mistério modelador da vida e dos seres.

4ª– Consagração: para Oxalá na vibração mineral, e o mistério evocado é o mistério modelador da concepção da vida, das espécies e dos seres.

5ª– Consagração: para Oxalá na vibração eólica, e o mistério evocado é o mistério modelador dos comportamentos e procedimentos dos seres.

6ª– Consagração: para Oxalá na vibração vegetal, e o mistério evocado é o mistério modelador do pensamento e da criatividade dos seres.

7ª– Consagração: para Oxalá na vibração do fogo, e o mistério evocado é o mistério modelador da razão e da moral dos seres.

Lembre-se de que a evocação muda somente em relação ao mistério a ser evocado, e que, antes de consagrar algum objeto a Oxalá, deve-se saudar os Orixás regentes do campo vibratório, cujas regências são estas:

1º– Campo: (em um local aberto) regência do Tempo, e seus regentes são Oxalá e Logunan .

2º– Campo: na terra, à beira de um lago, e seus regentes são Obaluaiê e Nanã Buruquê.

3º– Campo: à beira-mar, e os seus regentes são Iemanjá e Omolu.

4º– Campo: em uma cachoeira, e os seus regentes são Oxum e Oxumaré. Lembre-se de que Oxum rege as águas "doces" que descem (cachoeiras), e Oxumaré rege as águas que sobem (a evaporação ou gotículas em suspensão no ar).

5º– Campo: em um local aberto (campo), e os seus regentes são Ogum e Iansã. Ogum é o caminho, e Iansã é a direção a ser seguida.

6º– Campo: em uma mata ou bosque, mas em local aberto (sem copas por cima) dentro deles. Os seus regentes são Oxóssi e Obá.

7º– Campo: é uma pedreira, e os seus regentes são Xangô e Oroiná.

Agora, já sabendo os campos, como proceder, como abrir o campo consagratório, sua evocação, os Orixás regentes dos campos e que devem ser saudados e tudo mais, vamos às consagraões na Irradiação de Oxalá:

1ª Consagração a Oxalá: no Tempo (nos cristais)

a) Escolher um campo aberto e de solo plano.

b) Ao chegar no local escolhido, saudar o Tempo, bater palmas (3x3), pedir licença para abrir nele o círculo consagratório para Oxalá, acender uma vela branca, uma vela preta e colocar entre elas um copo de água, oferecendo-os ao Senhor do Tempo.

c) Firmar as sete velas e riscar com uma vara os sete círculos de Oxalá.
d) Colocar um pano branco sobre o solo dentro dos círculos.
e) Apresentar o objeto. Para isso, você deve ficar entre o sexto e o sétimo círculos, de costas para as velas acesas e, com ele nas mãos em conchas e curvado para a frente, dar uma volta para a esquerda, dizendo: "Eu apresento este (citar o nome do objeto) a todas as forças, poderes e mistérios cósmicos assentados ao redor do meu pai Oxalá".

E, quando chegar ao ponto do círculo de onde iniciou seu "giro" à esquerda, deve segurá-lo com as duas mãos acima de sua cabeça, virar-se de frente para o centro dos sete círculos e, caminhando em sentido horário e levemente curvado para a frente, dizer estas palavras: "Eu o apresento (dizer o nome do objeto) a todas as forças, os poderes e os mistérios universais assentados ao redor do meu pai Oxalá no meu giro à direita".

Nota: Essa apresentação e as palavras ditas nos dois giros são regra em todas as consagrações a Oxalá.

No giro à esquerda, o objeto fica seguro na frente do seu consagrador. No giro à esquerda, o objeto fica acima da cabeça, certo?

Isso significa que as forças, poderes e mistérios cósmicos ficam abaixo da nossa cabeça e que as forças, os poderes e os mistérios universais estão acima de nossa cabeça.

Nunca se esqueça disso e jamais baterá a cabeça a um Exu e deixará de cruzar o solo na frente de um Orixá e de pedir a sua bênção com a testa encostada no solo diante dos pés dele.

"Umbanda tem regras e procedimentos. É preciso conhecê-los e praticá-los!"

f) Segurar o objeto acima da chama das sete velas uns 30 cm acima, e depois colocá-lo sobre o pano branco.
g) Cobri-lo com pó de pemba branca ralada.
h) cobri-lo com um pano branco.
i) Aguardar exatos 30 minutos; banhá-lo com água; enxugá-lo, reapresentá-lo como foi ensinado na letra *"e"*; envolvê-lo em um pano branco; retirar-se, repetindo as palmas e o pedido de licença em cada círculo, saindo de um para o outro, com o pé direito e ajoelhando-se em cada um para as salvas de palmas e os pedidos de licença para se retirar. Certo?

Só deverão desembrulhar o objeto na sua segunda consagração.

2ª Consagração a Oxalá: na terra (à beira de um lago)

a) Dirija-se até um lago e saúde os regentes desse campo; à sua beira, firmar as sete velas brancas juntas; riscar os sete círculos concêntricos ao redor delas, conforme já foi ensinado.

b) Abrir um buraco no solo, dentro do primeiro círculo ao redor da vela; derramar um copo de água dentro dele, alimentando a terra. Depois disso, espalhe pó de pemba branca dentro do buraco.

c) Apresente o objeto, conforme já foi ensinado na consagração anterior, para Oxalá; envolva-o todo com um pano branco e coloque-o dentro do buraco; espalhe pó de pemba sobre o pano e depois cubra-o total (se for pequeno) ou parcialmente (se for grande).

d) Faça a evocação consagratória; aguarde 30 minutos; retire-o; banhe-o com água; enxugue-o; reapresente-o; envolva-o em um pano branco; retire-se conforme já foi ensinado e só volte a descobri-lo na sua consagração seguinte.

Obs.: A oferenda aos regentes do segundo campo (Obaluaiê e Nanã Buruquê) consiste em acender uma vela branca e outra lilás e colocar entre elas um copo de água e outro de vinho branco seco.

3ª Consagração a Oxalá: à beira-mar

a) Dirija-se a um local à beira-mar; saúde e oferende os seus regentes, pedindo-lhes licença para fazer no campo deles a consagração dos seus objetos na irradiação de Oxalá, oferende-os com uma vela azul-clara e outra branca; coloque entre eles um copo com champanhe e outro com vinho branco licoroso.

b) Saúde Oxalá, firme as sete velas brancas juntas; risque os sete círculos concêntricos, como já foi ensinado (sete à esquerda e sete à direita); coloque sobre o solo dentro dos círculos um pano branco; sobre o pano, coloque uma tigela ou travessa; dentro dela, coloque água do mar e pétalas de rosas brancas.

c) Apresente o objeto conforme já foi ensinado; coloque-o dentro da tigela já preparada; cubra-o com um pano de cor azul-clara; faça a oração evocatória; aguarde 30 minutos; descubra o objeto e banhe-o com água doce; enxugue-o e reapresente-o; envolva-o em um pano branco; retire-se e só volte a descobri-lo na sua consagração seguinte.

Obs.: Nas suas consagrações, nunca deixe de saudar os regentes dos campos quando chegar neles, pedindo-lhes licença, assim como nunca saia deles sem agradecer-lhes. Certo?

4ª Consagração a Oxalá: no mineral

a) Dirija-se a uma cachoeira ou à margem de um riacho, rio ou córrego; saúde, oferende e peça licença aos seus regentes (Oxum e Oxumaré) para consagrar no campo deles os seus objetos na irradiação de Oxalá.

b) Abra os círculos consagratórios de Oxalá e coloque sobre o solo do círculo central uma tigela com água colhida ali, na cachoeira ou no rio; espalhe pó de pemba branca sobre a água na tigela.

c) Apresente o objeto; coloque-o dentro da tigela; espalhe sobre ele pó de pemba branca ralada; cubra-o com um pano rosa ou azul-turquesa; faça a oração consagratória; aguarde 30 minutos; descubra-o, pegue-o e banhe-o na água da cachoeira ou do rio; enxugue-o; reapresente-o; envolva-o com um tecido branco; retire-se e só volte a descobri-lo na sua consagração seguinte, que é a quinta.

5ª Consagração a Oxalá: em um campo aberto ou à beira de um caminho (estrada ou rodovia)

a) Saudar e oferendar os regentes desse campo (Ogum e Iansã); firmar o campo consagratório de Oxalá, já ensinado nas consagrações anteriores; colocar perto das sete velas acesas um pano branco.

b) Apresentar o objeto; colocá-lo sobre o pano branco; espalhar um pouco de pó de pemba branca ralada; fazer a evocação consagratória; esperar 30 minutos; pegar o objeto; banhá-lo com água (se tiver a oportunidade de colher água de chuva antes dessa consagração, use-a. Se não, então use água comum); enxugue-o; reapresente-o; envolva-o com um pano branco; retire-se conforme foi ensinado e só volte a descobri-lo na sua sexta consagração.

6ª Consagração para Oxalá: no vegetal

a) Dirija-se a uma mata ou bosque e em uma clareira, saúde, oferende e peça licença aos seus regentes (Oxóssi e Obá) para consagrar no campo deles os seus objetos.

b) Abrir os círculos consagratórios de Oxalá; colocar no círculo central um pano branco; colocar em cima do pano uma tigela com sete ervas maceradas em água.

c) Apresentar o objeto; colocá-lo dentro da tigela, espalhar pó de pemba sobre ele e cobri-lo com um pano verde, fazer a oração consagratória; aguardar 30 minutos; pegá-lo e lavá-lo com água; enxugá-lo; reapresentá-lo; cobri-lo com um tecido branco; retirar-se e só voltar a descobri-lo na sua sétima consagração.

7ª Consagração a Oxalá: no fogo

a) Dirigir-se a uma pedreira; saudar, oferendar e pedir licença aos regentes desse campo (Xangô e Oroiná) para consagrar seus objetos na irradiação de Oxalá.

b) Escolher uma pedra, dirigir-se a ela; acender sobre ela as sete velas brancas; espalhar à volta das velas pó de pemba branca; fazer no solo, à volta da pedra, os sete círculos de Oxalá; apresentar o objeto; colocá-lo sobre a pedra; cobri-lo com um pano branco; derramar álcool ao redor da pedra; atear fogo no álcool derramado; fazer a oração evocatória; aguardar 30 minutos; banhar o objeto; reapresentá-lo; envolvê-lo em um tecido branco; levá-lo para casa, só voltando a descobri-lo no outro dia; quando poderá usá-lo (se tiver consagrado para si), ou colocá-lo no seu assentamento de Oxalá, no seu altar, ou entregá-lo ao seu guia espiritual, já consagrado, para que ele passe a usá-lo dali em diante nos seus atendimentos espirituais ou consultas de orientações.

Se for um colar, lembre-se de que poderá colocá-lo no solo, aberto em círculo, e acender no centro dele uma vela branca utilizando-o como espaço mágico para limpar sua casa, a si mesmo ou quem você determinar, certo?

Consagrações na Irradiação de Omolu

Orixá Omolu é cultuado na Umbanda como dono dos cemitérios e regente da linha das almas.

Seu campo é a terra seca (o pó mesmo), oposta à água e rege sobre os ossos e o esqueleto.

Seu culto é restrito e poucos trabalhos são realizados dentro dos centros sob sua irradiação divina devido à sua associação com as doenças, crença esta herdada das suas descrições orais chegadas até nós pelos nigerianos que aqui foram trazidos à força no período escravagista.

Há um temor real de muitos, que preferem não trabalhar com esse Orixá porque na Umbanda ele já foi descrito como sendo o senhor da linha de Kimbanda, da magia negra, etc.

Foram tantas descrições temíveis desse Orixá que há centros de Umbanda que não o reverenciam e não cantam para ele em hipótese alguma.

Bem, se você é seguidor dessa linha interpretativa desse Orixá, respeitamos sua opção e não estaremos escrevendo este capítulo para você e sim para os umbandistas que seguem a interpretação de que ele é um Orixá cujo campo é o de atuar sobre os espíritos (as almas) ligados à sétima Linha de Umbanda, que é regida em seu polo aquático por Iemanjá e em seu polo telúrico por Omolu.

Essa interpretação é nossa e tem servido para ordenar a infinidade de descrições, desconectadas entre si, sobre mistérios da criação.

Saibam que Omolu, o Orixá das doenças e das curas, é, de verdade, o recurso da lei que é ativado automaticamente sempre que alguém atenta contra os princípios sustentadores da vida e dos meios pelos quais ela flui.

Seus fatores paralisadores, vergadores e encovadores, assim como outros que aqui não podemos citar, pois cada um é um dos mistérios do Orixá

Omolu, são temidíssimos no astral inferior, já que nas faixas vibratórias negativas estão retidos todos os que atentaram contra os princípios da vida.

Então, Omolu tem de ser temido sim, mas só pelos espíritos e pelas pessoas que vivem afrontando os princípios sustentadores da vida, e entre esses se encontram os que recorrem à magia negra para atingir seus desafetos e acertar contas pessoais, assim como se encontram os espíritos malignos, que tanto servem a essas pessoas quanto se servem delas na realização de vinganças contra seus desafetos que reencarnaram.

Ser arrastado e aprisionado no polo negativo do campo de Omolu implica ser paralisado e vergado pela lei, e quem o for será encovado (enterrado no subsolo árido dos cemitérios), de onde só sairá se purgar (purgatório, lembra-se?) todos os seus pecados e afrontas à vida e aos seus princípios sustentadores.

– Vive fazendo o mal, tem de pagar.
– Vive fazendo trabalhos de magia negra conta os semelhantes, tem de pagar.
– Mata, tem de pagar.
– É egoísta, tem de pagar.
– É abortista, tem de pagar.
– É... tem de pagar.

Mas, se não fizer nada disso e for um preservador e respeitador da vida e dos seus princípios sustentadores, então tem Omolu à sua direita, sustentando-o, ainda que disso não saiba.

Então, se assim é, pode ir tranquilamente aos domínios desse Orixá curador que seus objetos mágicos ou religiosos serão consagrados e abençoados por ele e poderão ser usados tranquilamente, porque tanto o protegerão como, se ativados por você, paralisarão, vergarão e encovarão (enviarão para o subsolo dos cemitérios) todas as coisas negativas que projetarem contra você, contra o seu centro ou seus familiares.

Não há um Orixá mais ou menos poderoso e não há um mistério mais ou menos bom ou ruim.

Orixá é poder e é mistério da criação do Divino Criador Olodumaré. Portanto, como tal, Orixá é justo, não deixando de amparar os justos e de punir os injustos, ainda que a punição de Orixá limite-se a retirar seu amparo de quem afronta a lei e a vida.

Orixá não põe a "mão" em ninguém, nem para amparar nem para punir. Apenas se faz presente ou ausente na nossa vida.

Esse "estar presente" é sinônimo de amparo ou proteção. E o "estar ausente" significa abandono ou punição.

Portanto, não acredite que Omolu é perigoso, mas que ele é justo e ampara todos os justos desamparando todo injusto. E o fato de ele não estar amparando o injusto já implica este estar sendo paralisado, vergado e encovado nos domínios da "morte" dos sentidos da vida.

Então, sabendo disso, agora já pode aprender como entrar nos domínios dele e consagrar em sua irradiação divina objetos mágicos ou religiosos.

Saibam todos que Omolu, em um dos seus mistérios, é guardião do Tempo e é o único Orixá que consegue paralisar os mistérios negativos do Tempo se estes forem ativados na magia negra contra alguém.

Junto com Iansã e seu fator virador, Omolu é o Orixá mais solicitado pela lei para pôr um paradeiro na vida dos desregrados e desvirtuados.

– Iansã "vira" no tempo.
– Omolu "paralisa" no tempo.

As consagrações de objetos de uso mágico ou religioso na irradiação do Orixá Omolu devem ser feitas em três locais.

– A primeira consagração deve ser feita dentro dos limites de um cemitério.
– A segunda consagração deve ser feita à beira-mar.
– A terceira consagração deve ser feita no tempo, em um campo aberto.

Para cada consagração há uma oração específica, que são essas:

1ª Oração consagratória: no cemitério!

– Senhor Omolu, Orixá da terra e guardião dos mistérios da Morte, em nome do Divino Criador Olodumaré, eu o saúdo, o reverencio e clamo-lhe que consagre na sua irradiação e na sua vibração divina esses meus objetos (citar os objetos) para que eu, ao usá-los (ou entroná-los ou assentá-los), esteja protegido elementarmente pelo seu poder e suas forças, meu pai!
Amém.

2ª Oração consagratória: à beira-mar!

– Meu pai Omolu, Orixá da terra e guardião dos mistérios da Vida, em nome do Divino Criador Olodumaré, eu clamo ao senhor que consagres meus objetos mágicos ou religiosos (citar os nomes dos objetos), aqui, à beira-mar, nos domínios da minha mãe Iemanjá. Imante-os com sua vibração divina, protetora da vida, e dê a eles o poder de sustentar-me (ou ao meu terreiro) e de repelir todas as energias enfermiças e de anular todas as vibrações negativas contrárias à vida.
Amém.

3ª Oração consagratória: no tempo!

– Meu pai Omolu, Orixá da terra e senhor guardião dos mistérios do Tempo, eu o saúdo e, respeitosamente, clamo-lhe, em nome do Divino Criador Olodumaré, que consagre esses meus objetos (citar o nome deles)

no seu poder e nas suas forças no Tempo, para que eu possa usá-los (ou assentá-los) e possam afastar de minha vida (ou do meu terreiro) todos os espíritos, todas as vibrações negativas e todas as irradiações energéticas, mentais ou elementais negativas projetadas contra mim (ou o meu terreiro).
Amém!

As consagrações na irradiação do Orixá Omolu são só três e seguem esta ordem, certo?

Vamos aos seus procedimentos:

1ª Consagração na irradiação de Omolu: em um cemitério

a) Ao chegar a um cemitério, pare na porta de entrada, saúde os guardiões da porteira e peça-lhes licença para entrar nele.

b) Após entrar, escolha um local, ajoelhe-se e bata palmas (3x3), saúde todas as forças do Campo-Santo e peça-lhes licença para poder movimentar-se livremente em seus domínios e consagrar seus objetos sem ser incomodado por ninguém.

c) Levante-se e dirija-se ao local onde irá consagrar seus objetos.

d) Ao chegar ao local escolhido para a sua consagração, deixe-os no solo, ajoelhe-se, bata palmas (3x3) e peça licença ao senhor Omolu para adentrar seu campo interno e nele ter seus objetos mágicos consagrados por ele.

Então, levante-se, junte os dois pés e, começando com o pé direito, dê dois passos à frente e um para trás, tornando a ajoelhar-se e mais uma vez bater palmas (3x3), pedir licença para consagrar na irradiação dele seus objetos mágicos. Levante-se, junte novamente os dois pés, dê dois passos para a frente, começando com o pé direito, e um para trás.

Esses dois passos à frente e um para trás terão de ser repetidos por sete vezes.

Ao juntar os dois pés, leve o pé direito à frente (um passo) e depois leve o pé esquerdo até ficar ao lado do pé direito.

Agora, atenção!: o passo para trás é dado com o pé esquerdo (um passo para trás), e o pé direito anda para trás, ficando lado a lado com o pé esquerdo.

Na verdade, você dará 14 passos para a frente e sete para trás, perfazendo no total sete passos à frente.

Na sétima salva de palmas, pedirá licença ao senhor Omolu para consagrar seus objetos e preparar o espaço consagratório, movimentando-se livremente até estar tudo pronto e poder retirar-se.

Ao se retirar, inverterá os passos e, sempre de frente para o local usado para consagrar, dará dois passos para trás, começando com o pé esquerdo, e depois dará um para a frente, com o pé direito. Depois se ajoelhará e dirá:

"Obrigado, meu pai Omolu! Abençoe-me no meu retorno ao mundo profano e que seu poder e suas forças me acompanhem e me guardem até que eu tenha de retornar aos seus campos após o meu desencarne, meu senhor"!

Repetirá essas palavras sete vezes, certo? Pois só assim terá saído corretamente do domínio sagrado do Orixá guardião dos mistérios da morte.

2ª Consagração na irradiação de Omolu: no mar

Para a consagração à beira-mar, os procedimentos são estes:

a) Chegando à beira-mar, saúde todos os poderes e forças da terra e da água e peça-lhes licença para ali consagrar seus objetos na irradiação divina do Orixá Omolu, guardião dos mistérios da vida.

b) Dê uma oferenda ritual à senhora Iemanjá e peça-lhe licença para fazer o ritual de consagração dos seus objetos na irradiação do Orixá Omolu, guardião dos mistérios da Vida.

c) Escolha o local onde irá fazer o espaço consagratório. Você deverá estar de costas para o mar e de frente para a terra (à beira da praia). Certo?

d) Então, com o local escolhido, você se ajoelhará, baterá palmas (3x3), pedirá licença ao senhor Omolu para avançar até seu centro-neutro, onde consagrará os objetos na sua irradiação divina.

e) Após isso, levante-se, dê um passo à frente com o pé direito, vire-se para a sua esquerda e dê uma volta em sentido horário; volte a ajoelhar-se e pedir licença novamente, bater palmas (3x3), dar mais um passo à frente e outra volta em sentido horário. E assim que chegar ao ponto de partida, mais uma vez se ajoelhará, baterá palmas (3x3), pedirá licença para avançar até o seu centro-neutro, levantará, dará um passo à frente e mais uma volta em sentido horário.

Isso tem de ser feito sete vezes para entrar e as voltas serão em sentido horário. E, após a sétima salva de palmas, o sétimo pedido de licença e a sétima volta (que será a menor, pois os círculos irão se fechando e ficando menores), você pedirá licença para ali, na presença divina dele, consagrar na sua irradiação os objetos (citá-los) e deve pedir licença para mover-se livremente até o momento de se retirar, quanto fará tudo inversamente e tanto dará um passo para trás com o pé esquerdo quanto dará uma volta em sentido anti-horário, começando-a com o pé esquerdo.

Sim. Após envolver os seus objetos em um tecido, deverá ajoelhar-se, bater palmas (3x3), dar um passo para trás com o pé esquerdo e dar uma volta (a primeira) em sentido anti-horário.

Após concluí-la, deverá ajoelhar-se, bater palmas mais uma vez (3x3), pedir licença para se retirar do seu centro-neutro e voltar para o mundo profano. Então se levantará, dará o segundo passo para trás, com o

pé esquerdo, e dará a segunda volta em sentido anti-horário, começando-a com o pé esquerdo.
Fará isso sete vezes também para se retirar, certo?
Lembre-se: Umbanda tem fundamentos. É preciso conhecê-los para se preparar.
Não se esqueça de que cada Orixá tem uma forma de ser "alcançado".
Está certo que você já sabia a forma aberta de se dirigir e de chegar até eles, que era assim: ia até seu ponto de forças, arriava sua oferenda, oferecia a ele e fazia seus pedidos.
Se você preferir, continue procedendo assim. Os Orixás também aceitarão essa forma porque seus sentimentos de amor e sua fé no poder deles são mais importantes que qualquer coisa para eles, que são nossos pais e nossas mães divinos.
Mas, se você proceder como estamos ensinando aqui, saiba que estará saindo do mundo profano (da vibração comum a todos os seres) e entrando na vibração divina dos Orixás. Automaticamente (ou vibracionalmente), estarão ficando para trás todas as vibrações negativas que estiverem aderidas ao seu espírito.
Lembre-se de que quando os Pretos-Velhos dizem "Umbanda tem fundamentos, é preciso preparar!" – estão se referindo a outras e a estas coisas que aqui estamos ensinando. E, ainda que você continue a dirigir-se de forma profana aos Orixás, os seus guias espirituais manterão as suas posturas sagradas.

3ª Consagração na irradiação de Omolu: no Tempo

Agora, vamos à forma que você deve proceder para consagrar seus objetos no Tempo e na irradiação do único Orixá que tem o poder de paralisar a ação dos mistérios negativos do Tempo.
a) Dirija-se a um descampado.
b) Escolha o local onde irá realizar a consagração dos seus objetos mágicos ou religiosos.
c) Deixe suas coisas no solo, oferende, saúde e peça licença ao Tempo e às suas forças para nele consagrar seus objetos mágicos ou religiosos na irradiação do Orixá Omolu.
d) Após isso, volte para o local escolhido, pare em um ponto, ajoelhe-se, bata palmas (3x3), saúde o Orixá Omolu e peça-lhe licença para dirigir-se até ele, no seu centro-neutro no tempo.

Então, levante-se, curve-se para a frente e, com passos firmes e a cabeça levemente curvada para baixo, inicie uma caminhada em sentido horário; e, sem parar de andar, caminhará em espiral que se fecha até dar 13 voltas, sendo que a última será a menor e você já estará dentro da vibração e sob a irradiação vertical do senhor Omolu. Inicie essa caminhada com o pé direito, certo?

Então, ajoelhe-se, bata palmas (3x3), e saúde Omolu com a testa encostada no solo, pedindo sua bênção e licença para consagrar em sua vibração e irradiação divina os objetos mágicos ou religiosos, assim como para poder movimentar-se livremente até terminar tudo, quando se retirará desta forma:

– Você se ajoelhará, baterá palmas (3x3), saudará, agradecerá, pedirá licença para retirar-se do seu centro-neutro e retornará ao mundo profano (vibração coletiva). Então se levantará, voltando-se de costas para o círculo e, levemente curvado para a frente, com passos firmes, iniciará sua saída, agora em sentido anti-horário, e irá andando, sem parar, até dar treze voltas (de dentro para fora), quando se virará para o círculo e voltará a ajoelhar-se, saudá-lo, bater palmas (3x3), agradecer e ir para a sua casa. Inicie essa caminhada de saída com o pé esquerdo, certo?

"A Omolu só se chega com o pé direito e dele só se afasta com o pé esquerdo".

Esta é a regra para os iniciados, além de vibrarem fé e amor, respeito e reverência no seu poder divino.

Para os não iniciados, bastam-lhes fé e amor.

Só que os iniciados, assim procedendo, chegam até o centro-neutro dos Orixás e recebem diretamente deles o que pedirem. Já os profanos, não apenas não chegam diante do Orixá, como também só recebem por intermédio de um dos seus manifestadores suas vibrações divinas.

Há uma diferença muito grande, e você, umbandista que se iniciou na sua religião, tem por dever adotar cada vez mais as posturas que o colocarão, ainda aqui na Terra, dentro dos domínios divinos dos sagrados Orixás.

Sim, nós sabemos que nada do que ensinamos aqui estava à sua disposição. Mas, se agora o astral superior da Umbanda lhe abriu tudo isso, é hora de você proceder segundo o modo como lhe está sendo ensinado, pois só terá a ganhar (e muito).

– Você sabe por que no axexê (funeral do Candomblé) se dão passos para a frente e para trás (dois para a frente e um para trás) enquanto se leva o caixão com o corpo do falecido?

– É porque esta é a dança ritual dos Eguns (espíritos) diante do Orixá da morte (e dos mortos). E, dançando-se com passos ritmados, o corpo é entregue de volta à terra (ao pó).

"Tudo tem fundamentos sagrados. Só é preciso conhecê-los e praticá-los à risca, certo?"

Bem, você já sabe como chegar e sair dos domínios do Orixá Omolu no cemitério, à beira-mar e no Tempo, assim como já sabe as três orações consagratórias.

Apresentação dos objetos a serem consagrados

Diante do círculo consagratório já firmado e com as velas acesas, você deve apresentá-los a estes campos:

1º– Ao alto
2º– Ao embaixo
3º– À direita
4º– À esquerda
5º– Ao em frente
6º– Ao atrás
7º– Ao em volta à esquerda
8º– Ao em volta à direita
9º– Ao Tempo

Vamos às apresentações:

1º) Ao alto: com o corpo levemente curvado para a frente e posicionado diante do círculo consagratório, pegue o objeto(s) com as duas mãos em concha, eleve-o acima da sua cabeça e diga: "Eu apresento ao alto do meu pai Omolu este (nome do objeto), que irei consagrar (ou que já consagrei) na sua irradiação divina".

2º) Ao embaixo: logo em seguida curve-se todo e, segurando com as duas mãos o objeto, encostando-o no solo, diga estas palavras: "Eu apresento ao embaixo do meu pai Omolu este meu (citar o objeto), que irei consagrar (ou que já consagrei) na sua irradiação divina".

3º) À direita: a seguir, ainda de frente para o círculo consagratório, pegue o objeto com a mão direita, leve a mão esquerda às costas, ajoelhe-se, vire-se para a sua direita, estenda o braço para a frente e diga estas palavras: "Eu apresento à direita do meu pai Omolu este meu (..............), que irei consagrar (ou que já consagrei) na sua irradiação divina".

4º) À esquerda: a seguir, volte a ficar de frente para o círculo consagratório, pegue o objeto com a mão esquerda, leve a mão direita às costas, vire-se para a sua esquerda, ajoelhe-se, leve o seu braço esquerdo para a frente e, com o objeto seguro na mão, diga estas palavras: "Eu apresento à esquerda do meu pai Omolu este meu (..............), que irei consagrar (ou que já consagrei) na sua irradiação divina".

5º) Ao em frente: a seguir, volte a ficar de frente para o círculo consagratório, segure o objeto com as duas mãos em concha, curve-se levemente, estenda os braços para a frente e diga: "Eu apresento ao em frente do meu pai Omolu este meu (..............), que irei consagrar (ou que já consagrei) na sua irradiação divina".

6º) Ao atrás: a seguir, vire-se de costas para o círculo consagratório, curve-se levemente, estenda os braços para a frente, segurando o objeto nas mãos juntadas em concha e diga: "Eu apresento ao atrás do meu pai Omolu este meu (.........), que irei consagrar (ou que já consagrei) na sua irradiação divina".

7º) Ao em volta à esquerda: a seguir, volte-se de frente para o círculo consagratório, curve-se e, com o objeto seguro nas mãos em concha, estenda os braços para a frente, dê um giro ou volta em sentido anti-horário ao redor dele, dizendo estas palavras: "Eu apresento ao em volta à esquerda do meu pai Omolu este meu (...........), que irei consagrar (ou que já consagrei) na sua irradiação divina".

8º) Ao em volta à direita: a seguir, novamente de frente para o círculo consagratório e segurando o objeto com as mãos em conchas, curvará o corpo para a frente, estenderá os braços e dará um giro ou volta em sentido horário ao redor dele, dizendo: "Eu apresento ao em volta à direita do meu pai Omolu este meu (...........), que irei consagrar (ou que já consagrei) na sua irradiação divina".

9º) Ao Tempo: a seguir, parado em frente ao círculo consagratório, elevará com as duas mãos o objeto acima de sua cabeça. Então girará sobre si mesmo à esquerda e à direita, dizendo estas palavras: "Eu apresento ao tempo este meu (citar o nome), que irei consagrar (ou que já consagrei) na irradiação divina do meu pai Omolu".

Essas apresentações deverão ser feitas nas três consagrações na irradiação de Omolu, certo?

Vamos às consagrações propriamente ditas.

1ª Consagração a Omolu: no cemitério

a) Após chegar ao centro-neutro dele, acenda sete velas brancas e firme-as em círculo.

b) Coloque uma vela roxa acesa no centro do círculo.

c) Espalhe pétalas de crisântemo roxo no solo dentro do círculo, cobrindo-o todo.

d) Apresente o objeto.

e) Após apresentá-lo, banhe-o com vinho branco licoroso; coloque-o dentro do círculo de velas brancas; espalhe pó de pemba branca sobre ele; cubra-o com um pano branco; faça a primeiro oração consagratória; aguarde 15 minutos; descubra-o e banhe-o com água com ele ainda dentro do círculo; depois, enxugue-o; reapresente-o como foi ensinado; envolva-o com um pano branco; retire-se como foi ensinado (14 passos para trás por sete passos à frente) e só volte a descobri-lo na sua segunda consagração à beira-mar.

2ª Consagração a Omolu: à beira-mar

a) Após chegar à beira-mar, saudar, oferendar e pedir licença para ali consagrar seu objeto mágico ou religioso e chegar ao seu centro-neutro conforme foi ensinado, ajoelhe-se, toque o solo com a testa, saúde e peça licença para abrir o círculo consagratório do Orixá Omolu à beira-mar.

b) O círculo consagratório dele à beira-mar é este: cinco velas brancas acesas em uma cruz (um no centro e quatro (N-S-L-O)); sete velas azul-claras e sete velas roxas acesas e firmadas em um círculo em volta da cruz de forma intercalada (uma azul e uma roxa).

c) Apresente o objeto como foi ensinado na consagração anterior; banhe-o com vinho licoroso; coloque-o sobre a areia dentro do círculo de velas; espalhe pétalas de crisântemos sobre ele; cubra-o com um pano branco; derrame sobre ele um pouco de água do mar; faça a oração consagratória; aguarde 15 minutos; descubra-o; banhe-o com água doce; enxugue-o; reapresente-o; envolva-o com um pano branco; retire-se como já foi ensinado na segunda consagração e só volte a descobri-lo na sua terceira consagração.

3ª Consagração a Omolu: no Tempo

a) Proceda como já foi ensinado para essa consagração.

b) Após dar as 13 voltas para "dentro" da vibração divina de Omolu no Tempo, acenda sete velas brancas e firme-as em círculo; acenda e firme um segundo círculo (por fora do primeiro) com sete velas azul-escuras; acenda sete velas amarelas e firme um terceiro círculo (por fora do segundo); espalhe pétalas de crisântemos amarelos no solo dentro do primeiro círculo (o interno); apresente o objeto como já foi descrito; banhe-o com vinho branco licoroso; coloque-o sobre as pétalas amarelas; faça a oração consagratória; espere 15 minutos; retire-o e banhe-o com água; enxugue-o e reapresente-o, já consagrado; envolva-o em um pano branco; retire-se como já foi ensinado; retorne para a sua casa e só volte a desembrulhá-lo no dia seguinte, quando terá para seu uso pessoal, para entronizar no seu altar, para entregar para o seu guia espiritual ou para colocar em seu assentamento um poderoso objeto mágico ou religioso de Omolu.

O poder (axé) do Orixá estará integralmente no seu objeto e você provará isso se abrir o seu colar no solo e acender no centro dele uma vela branca, uma roxa e uma azul-escura e pedir que você, sua casa ou seu terreiro sejam limpos, purificados e reenergizados pelo amado pai Omolu.

"Umbanda tem fundamentos! É preciso conhecê-los para, melhor, tudo fazer!

Atotô, meu pai!"

Consagrações na Irradiação de Oxum

Oxum, Orixá feminino, associada à fecundidade, ao amor, à gestação e à prosperidade, é muito popular no Brasil e é um dos mais amados na Umbanda.

Todos a cultuam e a adoram, indo às cachoeiras oferendá-la e clamar por seu amparo e proteção. As cachoeiras são os altares naturais dessa querida mãe Orixá, sempre amorosa e acolhedora para com seus filhos médiuns de Umbanda Sagrada.

Muitos seguidores, à falta de uma cachoeira, depositam as oferendas às margens de rios, córregos ou regatos, e todas são aceitas por essa mãe, Orixá d'água doce. Fontes naturais e nascentes de água também são seus santuários na natureza. Portanto, locais para oferendá-la, fazer suas consagrações, suas firmezas ou trabalhos na natureza é que não faltam.

Descarregos na água de um rio, riacho ou cachoeira já são tradição entre os umbandistas e só não se serve deles quem não sabe como fazê-los.

Água doce e Oxum são inseparáveis, tal como o mar e Iemanjá; os lagos e Nanã; a chuva e Iansã, etc.

Seus minerais são o ouro e o cobre e, junto com Oxalá, ela gera as pedras preciosas e semipreciosas.

Assim como Ossain distribuiu as folhas entre todos os Orixás, Oxum distribuiu os minerais entre eles e, dessa maneira, cada um tem suas rochas e os seus minérios, todos irradiando axés (energias) poderosos, usados nos altares, nos colares, nas pulseiras, nos braceletes, nos anéis, em adereços e ferramentas específicas.

Tudo isso, e muito mais, é o mistério Oxum atuando em benefício dos umbandistas a partir dos seus elementos, todos gerados na natureza e encontrados em abundância.

Dos três tipos de axés usados nos tradicionais cultos nigerianos (e afros em geral): o mineral, o vegetal e o animal, o primeiro é dela, o segundo é de Ossain e o terceiro é de Exu.

Sim, todo axé animal é de Exu!

E cada Orixá tem seu mineral, doado por Oxum; tem suas folhas, doadas por Ossain; e tem o seu animal, doado por Exu.

Ocorre que sobre os "donos" dos axés mineral e animal não se encontra nada escrito nos livros à disposição, não é mesmo?

Afinal, se muitos sabem várias coisas sobre os Orixás, no entanto ainda estão para ser reveladas. Então, comece a conhecer algumas por meio da sua própria religião e, com certeza, conhecerá seus fundamentos sagrados.

Em um livro especial sobre Exu comentaremos sobre o axé animal, pois neste estamos estudando as consagrações na irradiação de Oxum, Orixá da fecundidade, da gestação, do amor e da riqueza.

Oxum é a mãe amorosa e zelosa, que cuida de todos com amor, carinho e ternura. Mas, transcendendo essa sua condição de divindade cultuada por muitos e alcançando um nível transcendental de explicação dos sagrados Orixás, temos Oxum como Senhora da Concepção, de tudo o que tem de ser gestado. Seu mistério transcende o modelo interpretativo antropomórfico (explicação do divino por meio do humano) e a entendemos como poder agregador de micropartículas subatômicas em estruturas magnéticas "fatorais".

E assim, de grau em grau, em uma escala vibratória magnética infinita, o mistério Oxum atua na gênese desde seu início em Deus.

Logo, consagrar algo a Oxum é imantar esse "algo" com seu poder agregador. E, por Oxum ser a dona do "ouro" e de todos os outros minérios, ela também distribuiu seu axé (minérios e as pedras) entre todos os Orixás.

Oxum distribuiu seu axé mineral à direita e à esquerda e até Exu recebeu das mãos dela seu minério, que é o "chumbo".

"Ao contrário do que dizem, o ferro é de Ogum que, ao ver Exu arrastando seu minério (de tão pesado que ele é), concedeu-lhe o uso do ferro na confecção de suas armas e ferramentas desde que, em troca, Exu lhe concedesse o uso do chumbo em seus assentamentos".

No nosso livro de assentamentos ensinaremos como deve ser usado o chumbo nos assentamentos de Ogum e de Exu, pois neste estamos comentando consagrações.

Se fazemos esses comentários, é para que entendam que, em se tratando de formação do nosso planeta, Oxum (o mistério) está presente desde o magma até os gases, como poder agregador.

Portanto, ao imantar seus objetos na vibração de Oxum, faça-o ciente de que estará consagrando-os no mistério doador dos axés minerais, distribuídos a todos os Orixás.

Se onde você mora não há uma cachoeira próxima, consagre seus objetos em um rio, riacho ou nascente.

Ao chegar ao local da consagração, deixe tudo em um lugar próximo, ajoelhe-se e bata palmas (3x3), pedindo-lhe licença para consagrar seus objetos na irradiação dela.

A seguir, começando com o pé direito e, com o corpo curvado para a frente, dê sete passos regulares à frente e sete passos para trás, três vezes, começando com o pé direito e, na quarta vez para a frente, ajoelhe-se no sétimo passo, bata palmas mais uma vez (3x3) e novamente peça-lhe licença para consagrar em sua irradiação divina os objetos, e para movimentar-se livremente dali em diante até a hora de se retirar, quando se ajoelhará, baterá palmas (3x3) e, após agradecer, pedirá licença para se retirar. Então, começando com o pé direito, dará sete passos para trás e sete para a frente (em direção a ela), três vezes e, na quarta vez para trás, no sétimo passo regular, se ajoelhará novamente, agradecerá mais uma vez e pedirá licença a ela para se retirar, indo, a seguir, embora.

Agora você já sabe como deve proceder quando se dirigir aos domínios de Oxum.

Saiba que essas formas que estamos ensinando aqui são as sagradas. Já as profanas são as ensinadas de boca em boca: "Vá até uma cachoeira e dê uma oferenda a Oxum, meu filho, e peça a ela o que você precisar".

Só que você, por não saber como proceder diante de cada Orixá para entrar em seus domínios, pois isso não lhe foi ensinado, também não vinha usufruindo os benefícios que os Orixás concedem aos que se dirigem até eles de forma sagrada.

Experimente seguir o que aqui estamos ensinando que você perceberá uma diferença nas vibrações que receberá e, além disso, caso seja merecedor, até aquilo que você precisa – mas não sabe disso – com certeza eles lhe concederão.

O modo profano de se dirigir aos Orixás ou de entrar em seus domínios é para todos. Já o modo sagrado ou ritualístico, este é para os iniciados. E você, médium de Umbanda, é um, com certeza!

Oração consagratória a Oxum

– Minha amada mãe e senhora Oxum, reverentemente a saúdo e, em nome do Divino Criador Olodumaré, clamo à senhora que me acolha no seio do seu mistério sagrado e conceda-me a licença para eu consagrar os meus objetos (citar o nome) na sua vibração divina. Que aqui, aos seus pés, eles recebam da senhora a imantação sagrada da sua <u>irradiação concebedora da vida</u>.

Amém!

Apresentação dos objetos na irradiação de Oxum

As apresentações na irradiação de Oxum são simples e fáceis de ser feitas, bastando prestar atenção na sequência.

1ª– Ao alto

2ª– Ao à frente

3ª– Ao à direita

4ª– Ao atrás

5ª– Ao à esquerda

6ª– Ao embaixo

7ª– Ao em volta à direita

8ª– Ao em volta à esquerda

1º) De frente para o círculo consagratório, e com o corpo levemente curvado para a frente, pegue o objeto com as duas mãos fechadas em concha, eleve-o acima de sua cabeça e, elevando e abaixando-o até encostá-lo nela por sete vezes, diga estas palavras: "Eu apresento ao alto de minha mãe Oxum este meu (citar o nome do objeto), que irei consagrar (ou já consagrei) na sua irradiação divina".

2º) De frente para o círculo consagratório, com o corpo levemente curvado para a frente, com o objeto seguro com as mãos em concha e encostado no peito (no coração), por sete vezes estique os braços para a frente e encolha-os até o objeto encostar no peito, dizendo estas palavras: "Apresento ao à frente de minha mãe Oxum este meu (..........), que irei consagrar (ou já consagrei) na sua irradiação divina".

3º) Vire-se para a sua direita e repita tudo o que fez na apresentação anterior, mudando apenas "ao em frente" para "à direita de minha mãe Oxum".

4º) Vire-se para o sul e, de costas para o círculo consagratório, proceda como na apresentação anterior, mudando apenas o "à direita" para "o atrás de minha mãe Oxum".

5º) Vire-se para o oeste, e proceda como na apresentação anterior, só mudando o "atrás" para o "à esquerda de minha mãe Oxum".

6º) Após dar um giro completo à direita, tendo parado na direita, no sul e na esquerda apresentando-o, você fica novamente de frente para o círculo, curva-se bem e com o objeto perto do solo, diz estas palavras: "Eu apresento ao embaixo de minha mãe Oxum o meu (..........), que irei consagrar (ou que consagrei) na sua irradiação divina".

7º) Após a apresentação ao embaixo, volte a ficar levemente curvado para a frente e, com o objeto seguro junto do peito, você deve dar um giro ou volta à direita e, enquanto gira, deve estender e encolher os braços continuamente, enquanto vai dizendo estas palavras: "Apresento ao em volta à direita de minha mãe Oxum o meu (............), que irei consagrar (ou que consagrei) na sua irradiação divina".

8º) Após voltar a ficar de frente para o círculo consagratório, repita em um giro ou volta à esquerda o que fez no anterior e diga estas palavras: "Eu apresento ao em volta à esquerda de minha mãe Oxum este (............), que irei consagrar (ou que consagrei) na sua irradiação divina".

Consagrações na irradiação de Oxum

O primeiro mistério de Oxum flui por meio de sua irradiação concebedora da vida e deve ser feito diante de uma fonte ou nascente (caso você tenha uma próxima). Se não, faça diante de uma cachoeira. E, caso não tenha uma próxima também, faça às margens de um rio, riacho ou córrego.

O segundo mistério de Oxum flui por meio de sua irradiação concebedora do amor.

O terceiro mistério de Oxum flui por meio de sua irradiação concebedora da fé.

O quarto mistério de Oxum flui por meio de sua irradiação concebedora do saber.

O quinto mistério de Oxum flui por meio de sua irradiação concebedora do caráter.

O sexto mistério de Oxum flui por meio de sua irradiação concebedora da razão.

O sétimo mistério de Oxum flui por meio de sua irradiação concebedora da criatividade.

Oxum tem 33 mistérios, mas você não precisa consagrar seus objetos em todos eles. Bastam sete consagrações.

Caso você tenha como se deslocar até os locais que aqui indicaremos, esses são os mais apropriados para fazer essas sete consagrações:

1ª Consagração: em uma fonte ou nascente.

2ª Consagração: em frente a uma cachoeira.

3ª Consagração: em frente ao estuário de um rio.

4ª Consagração: em frente a um lago.

5ª Consagração: em um dia chuvoso, à beira de um rio.

6ª Consagração: em frente a uma corredeira ou correnteza.

7ª Consagração: em frente ao mar.

Vamos agora às sete consagrações:

1ª Consagração a Oxum: na sua irradiação concebedora da vida. Diante de uma fonte ou nascente

a) Chegando ao local, deixe seus objetos e entre nos domínios dela.
b) Coloque sobre o solo um pedaço de tecido branco cortado de forma esférica (uma roda de tecido branco), com um furo no centro.
c) Acenda sete velas brancas, firme-as ao redor do tecido, formando um círculo. Depois, coloque uma vela de cor-de-rosa no centro do tecido.
d) A seguir, apresente o(s) objeto(s).
e) Depois, banhe o(s) objeto(s) na água da fonte, coloque-o(s) sobre o tecido; faça a oração consagratória; apanhe da fonte um pouco de água em uma vasilha e, em intervalos de tempo, derrame sete vezes um pouco sobre o(s) objeto(s). Faça isso a cada quatro ou cinco minutos de intervalo.
f) Após 33 minutos, retire o objeto(s), enxugue-o, reapresente-o já consagrado, envolva-o em um pedaço de tecido rosa, retire-se e só volte a descobri-lo na sua segunda consagração.

2ª Consagração a Oxum: na sua irradiação concebedora do amor, diante de uma cachoeira

a) Dirija-se ao local, entre nos domínios dela; estenda um pedaço de tecido dourado, cortado em um círculo, com um buraco no centro; firme no centro uma vela azul-clara e em volta sete velas cor-de-rosa. Apanhe um pouco de água em uma vasilha; coloque dentro dela um punhado de pétalas de rosas cor-de-rosa, macerando-as e colocando a vasilha dentro do círculo.
b) Banhe o objeto na água da cachoeira; apresente-o como foi ensinado; coloque-o sobre o tecido; faça a oração consagratória; apanhe a vasilha de água e, em intervalos de quatro minutos, derrame um pouco sobre eles.
c) Após 35 minutos, apanhe-os; banhe-o na água da cachoeira; enxugue-o; reapresente-o; envolva-o no tecido rosa; retire-se conforme foi ensinado e só volte a descobri-lo na sua terceira consagração.

3ª Consagração a Oxum: na sua irradiação concebedora da fé, no estuário de um rio, na junção dele, com um maior, ou às margens dele onde corre calmamente

a) Dirija-se ao local indicado; coloque sobre o solo um pedaço de tecido prateado cortado em círculo e com um furo no centro. A seguir, firme uma vela rosa no centro e sete velas douradas em volta.

b) Apanhe um pouco de água em uma vasilha, macere dentro dela um punhado de pétalas de rosas brancas e deixe-a dentro do círculo para banhar seus objetos com ela.

c) Banhe o objeto na água do rio; apresente-o; coloque-o sobre o tecido prateado; faça a oração consagratória; derrame sete vezes um pouco da água com pétalas de rosas brancas sobre seu objeto, com intervalos de quatro minutos (+ ou -).

d) Após 35 minutos, apanhe o seu objeto e banhe-o novamente no rio; enxugue-o e reapresente-o; envolva-o no tecido rosa, retire-se e só volte a descobri-lo na sua quarta consagração.

4ª Consagração a Oxum: na sua irradiação concebedora do saber, à beira de um lago

a) Dirija-se ao local, estenda um tecido lilás, cortado em círculo e com um furo no seu centro.

b) Acenda uma vela rosa no centro e sete velas lilases à volta.

c) Apanhe um pouco de água do lago em uma vasilha e macere dentro dela um punhado de crisântemos roxos. Depois, coloque a vasilha sobre o tecido lilás.

e) Banhe no lago o seu objeto; apresente-o; coloque-o sobre o tecido lilás; faça a oração consagratória; derrame um pouco da água com crisântemos de cinco em cinco minutos; após 35 minutos apanhe o seu objeto; banhe-o novamente no lago; enxugue-o e reapresente-o; envolva-o no tecido rosa, retire-se e só volte a descobri-lo na sua quinta consagração.

5ª Consagração a Oxum: na irradiação concebedora do caráter, à margem de um rio em um dia chuvoso ou nublado

a) Dirija-se ao local; estenda no solo um pedaço de tecido de cor amarela e com um furo no centro.

b) Acenda uma vela rosa no centro e sete velas amarelas em volta do tecido.

c) Colha um pouco de água do rio em uma vasilha; macere um punhado de pétalas de rosas amarelas dentro da água e depois coloque a vasilha sobre o tecido, dentro do círculo de velas.

d) Banhe no rio o seu objeto; apresente-o; coloque-o sobre o tecido; faça a oração consagratória; derrame sobre ele, de cinco em cinco minutos, um pouco da água com pétalas de rosas; após 35 minutos (+ ou -), retire-o e banhe-o no rio novamente; enxugue-o; reapresente-o; retire-se e só volte a descobri-lo na sua sexta consagração.

6ª Consagração a Oxum: na irradiação concebedora da razão, em uma corredeira ou correnteza e, se houver, faça-a sobre uma pedra no meio da água, que servirá de mesa

a) Dirija-se ao local; estenda sobre o solo (ou a pedra) um pedaço de tecido vermelho cortado em círculo e com um furo no centro.

b) Coloque no centro uma vela rosa acesa e, em volta, sete velas vermelhas.

c) Colha água em uma vasilha e macere dentro dela um punhado de pétalas de rosas vermelhas, colocando a seguir a vasilha sobre o tecido, dentro do círculo.

d) Em seguida, banhe o objeto na água corrente, apresente-o, coloque-o sobre o tecido vermelho; faça a oração consagratória; derrame, de cinco em cinco minutos, um pouco da água da vasilha sobre o objeto.

e) Após 35 minutos, retire o objeto e banhe-o mais uma vez na correnteza. A seguir enxugue-o, reapresente-o, envolva-o no tecido rosa, retire-se e só volte a descobri-lo na sua sétima consagração.

7ª Consagração a Oxum: na sua irradiação concebedora da criatividade, de frente para o mar

a) Dirija-se à beira-mar; estenda um pedaço de tecido azul-claro cortado em círculo e com um furo no seu centro.

b) Acenda e firme no centro uma vela rosa e em volta, sete velas azul-claras.

c) Em seguida, colha um pouco de água do mar em uma vasilha e macere nela um punhado de pétalas de rosas brancas, colocando em seguida a vasilha sobre o tecido.

d) Banhe seu objeto no mar; apresente-o; coloque-o sobre o tecido dentro do círculo de velas; faça a oração consagratória; de cinco em cinco minutos, derrame um pouco da água da vasilha sobre o objeto; após 35 minutos, retire-o; torne a banhá-lo no mar; enxugue-o e reapresente; envolva-o com um tecido rosa; retire-se e só volte a descobri-lo 72 horas após, que estará pronto para você usá-lo ou entroná-lo no seu altar, etc.

Obs.: Após a oração consagratória e até retirar o objeto, já consagrado, deve deixá-lo 35 minutos dentro do círculo. Não é preciso mais que esse tempo. Logo, calcule o tempo entre os intervalos, quando derramará água com flores sobre o objeto em consagração.

Sabemos da dificuldade para se chegar aos os locais aqui indicados para cada consagração. Portanto, caso você não tenha condições de se deslocar até eles, esperamos que tenha um rio ou córrego próximo de onde mora, e que possa encontrar um local às margens dele em que seja possível fazer as consagrações com tranquilidade e segurança.

Recomendamos, também, que nunca vá sozinho; leve ao menos uma pessoa para o auxiliar.

Outra informação importante do seu interesse: – caso mais pessoas queiram consagrar objetos deles, todos poderão usar um só espaço consagratório, desde que cada um faça a apresentação, a oração consagratória e manipule os próprios objetos.

Inclusive, todos devem repetir os procedimentos que aqui recomendamos e manter-se em silêncio durante o tempo todo, conversando apenas quando for realmente necessário.

Nessas consagrações, recomendamos que se vistam de branco e cubram a cabeça. As mulheres devem cobri-las com toalhas, e os homens devem usar um filá (boné sem o bico).

Consagrações na Irradiação de Oxumaré

Oxumaré, Orixá associado ao arco-íris na Umbanda, à serpente sagrada Dã no culto Gêge do Daomé, é o supridor de água ao palácio de Xangô no culto nigeriano. É em si o mistério que renova a criação, formando um par com Oxum.

Se ela concebe, ele renova... desde a menor das partículas até o Universo.

Oxumaré renova nossos sentimentos, nossas esperanças, nossos ideais e nossa evolução.

O arco-íris lhe pertence como fenômeno da natureza, assim como as estações (primavera, verão, outono e inverno).

Como todo Orixá tem um axé só seu, mas que reparte, distribui ou compartilha com os outros, o axé de Oxumaré é o das cores, que ele distribuiu entre todos os Orixás, sendo que cada um, se tem a(s) sua(s) cor(es), deve isso a esse Orixá.

Cada Orixá é em si um aspecto da criação do Divino Criador Olodumaré.

– Oxalá tem o axé das formas.
– Ossain tem o axé das folhas.
– Oxum tem o axé dos minerais.
– Oxumaré tem o axé das cores.

Logo, seu axé é tão importante quanto todos os outros, se não tudo seria invisível aos olhos, que são apenas espelhos vivos que captam tudo por intermédio das suas cores.

Assim, agora, quando você olhar para uma flor e a sua cor lhe agradar, saiba que sem o mistério de Oxumaré você não só não se deliciaria com a sua bela aparência e cor como também não a veria.

– Oxumaré está se tornando importante agora para você, médium umbandista?

Pois saiba que o cristalino dos seus olhos é regido pelo mistério dele e tudo o que é considerado belo, só o é porque as cores de Oxumaré estão presentes, embelezando tudo e todos.

– Se Ogum doou aos outros Orixás o seu axé da potência (onipotência),
– Se Oxóssi doou aos outros Orixás o seu axé da ciência (onisciência),
– Ossain doou o seu axé multicor e embelezador de tudo e de todos, e não há quem, após uma chuva, não se encante com o arco-íris que se forma no céu através aos raios e das gotículas em suspensão no ar.

E, se a lenda nos diz que no fim do arco-íris há um pote de moedas de ouro, então você também encontrará Oxumaré, em uma das pontas dele, pois na outra, segurando esse pote, está Oxum, contemplando com seu espelho encantado todas as formas coloridas pelo axé dele.

Os axés minerais são de Oxum, mas as suas cores, que tanto nos fascinam, são dele que, juntos, formam a riqueza e a beleza da criação.

Portanto, ao consagrar-lhe seus objetos (imagens, colares, tiaras, braceletes, pulseiras, anéis, pedras, talismãs, etc.), não se esqueça de que Oxumaré não é só o supridor de águas para o palácio celeste de Xangô ou a serpente Dã ou mesmo o arco-íris, pois ele, enquanto mistério da criação, é o responsável por tantas funções quanto todos os outros Orixás o são.

Nas consagrações de Oxumaré, é preciso haver cores em abundância. Então, recomendamos que use todas as velas coloridas que conseguir encontrar.

Vocês viram que, para consagrar algo na irradiação de Oxum, é preciso cobrir o solo com tecido com cores específicas, não?

Pois, para consagrar algo na irradiação de Oxumaré esse algo tem que receber cores específicas, além da energia dos elementos nos quais será consagrado.

Uma das formas de fornecer essas cores são os tecidos. Outra são os pós coloridos ou pigmentos.

Vamos a uma lista deles:
– Farinha de trigo: pó branco.
– Urucum: pó vermelho.
– Farinha de milho: pó amarelo.
– Anilina – pedras de anil: pó violeta.
– Corantes diversos: pós verdes, amarelos, vermelhos, etc.

Portanto, em cada consagração será usado um pó para espalhar sobre o solo, dentro do círculo de velas.

Ralar pembas coloridas e espalhá-las sobre o solo também é válido.

Assim, em suas consagrações não será difícil de atender essa exigência.

Agora, vamos às sete consagrações na irradiação de Oxumaré:

1ª Consagração: no Tempo, em um campo aberto.
2ª Consagração: na água, aos pés de uma cachoeira.
3ª Consagração: na praia, em frente ao mar.
4ª Consagração: no ar, em um dia ensolarado.
5ª Consagração: no fogo, em uma pedreira.
6ª Consagração: na terra, em um solo arenoso.
7ª Consagração: no vegetal, em um campo com vegetação baixa.

Na 1ª consagração, usa-se pó branco.
Na 2ª consagração, usa-se pó rosa.
Na 3ª consagração, usa-se pó azul-claro.
Na 4ª consagração, usa-se pó amarelo.
Na 5ª consagração, usa-se pó vermelho.
Na 6ª consagração, usa-se pó violeta.
Na 7ª consagração, usa-se pó verde.

Em todas as consagrações a Oxumaré os objetos devem estar dentro de uma tigela ou travessa de vidro transparente cheia de água, pois precisam ficar total ou parcialmente dentro da água.

E tanto os objetos quanto a tigela devem ser cobertos com um tecido branco, que é o único que reflete todas as cores.

Para entrar nos domínios ou centro-neutro de Oxumaré, há um procedimento, que é este:

Você chega ao local escolhido, deixa suas coisas (materiais usados para oferendá-lo e para fazer as consagrações), ajoelha-se, bate palmas (3x3), saúda-o e pede-lhe licença para oferendá-lo e consagrar na irradiação dele seus objetos.

Então se levanta, vira-se de costas para o local onde irá firmar o círculo de velas de várias cores, curva-se um pouco e junta as duas mãos em concha, como para apanhar água para beber e aí, curvado e com as mãos em concha, deve dirigir-se até o ponto escolhido rodopiando para a esquerda (rodando em sentido anti-horário).

Atenção! Você só alcançará o centro-neutro de Oxumaré caso dê sete giras ou voltas anti-horárias, sempre saudando-o assim: "Salve, meu pai Oxumaré! Dê-me seu axé, meu pai"!

A sétima gira anti-horária indicará o ponto onde irá firmar o seu círculo consagratório.

Às vezes nos desviamos um pouco do ponto escolhido e paramos (ou caímos) bem no lugar onde ele deseja que você firme seu círculo consagratório.

Outras vezes (raramente) o médium poderá ser "tomado" (incorporar) pela "energia" do Orixá Oxumaré, continuará levemente curvado e dançará com as mãos em conchas e com os braços abertos a dança sagrada dele, que se movimenta ora como que levando água à boca, ora como que lançando água à criação à sua volta, ora como que jogando água sobre o próprio corpo e ora como que jogando água para o alto.

Oxumaré, na natureza, quando possui por meio da incorporação um médium, só dança em rodopios (ora em sentido horário; ora, anti-horário).

Sua dança na natureza é uma das mais belas que existem e nunca se deve escolher um local pedregoso ou com obstáculos à volta, nos quais o médium possa tropeçar ou, caso caia, venha a se machucar.

Os locais das suas consagrações devem ser abertos, pois mesmo quando não houver incorporação, ao dar as sete giras anti-horárias o médium poderá sentir-se zonzo e cair.

Lembre-se de que as sete giras anti-horárias devem ser dadas seguidas, não podendo haver parada; se não você não chegará ao <u>centro-neutro</u> dele e não consagrará em seus domínios os objetos.

Assim que você der a sétima gira anti-horária, e ainda meio zonzo, ajoelhe-se, bata palmas (3x3), saúde-o e peça-lhe licença para ali oferendá-lo e abrir seu círculo consagratório.

Após isso, movimente-se livremente preparando tudo, pois, com toda certeza, você fará uma ótima consagração!

Atenção: A energia de Oxumaré (incorporação) costuma ocorrer nas consagrações no campo dos Orixás do médium (no de frente e no do adjuntó).

Após a consagração dos seus objetos, você deve se retirar dessa forma: ajoelhe-se, bata palmas (3x3), saúde, peça licença para se retirar, agradeça e retire-se dando sete giras em sentido horário, do mesmo jeito que foi ensinado para entrar. E, quando terminar a sétima gira horária, ajoelhe-se e agradeça, seguindo para a sua casa com seu objeto já consagrado.

Lembre-se disso: só se chega ao seu centro-neutro girando em sentido anti-horário (sete giras) e só se sai dele girando em sentido horário (sete giras).

Oração consagratória a Oxumaré

– Orixá Oxumaré, senhor do axé das cores e do arco-íris, eu o saúdo e em nome do Divino Criador Olodumaré clamo-lhe que me acolha em seu mistério sagrado no qual consagrará meus objetos... (citar o nome deles) na irradiação do <u>seu mistério renovador da fé</u>, imantando-os com suas vibrações divinas.

Amém!

Os sete mistérios renovadores de Oxumaré são estes:

1º– No Tempo: mistério renovador da fé.

2º – Nas cachoeiras: mistério renovador da concepção.

3º– No mar: mistério renovador da vida.

4º– No ar: mistério renovador das direções.
5º– Na pedreira: mistério renovador da razão.
6º– Na terra: mistério renovador da evolução.
7º– Na mata: mistério renovador do raciocínio.

Apresentação dos objetos na irradiação de Oxumaré

Os objetos a ser consagrados devem ser apresentados antes e depois, e aqui damos a forma correta de fazer isso na irradiação de Oxumaré, que é esta:

1º) Ao alto: de frente para o círculo consagratório, segure o objeto com as duas mãos em concha, eleve-o acima da cabeça e dê um giro ou volta à direita dizendo estas palavras: "Apresento ao alto do meu pai Oxumaré este meu (citar o nome do objeto), que vou consagrar (ou já consagrei) na sua irradiação divina".

2º) Ao embaixo: de frente para o círculo consagratório, segure o objeto com as duas mãos em concha, curve-se bem e abaixe-o até perto do solo, dê um giro ou volta à esquerda e diga estas palavras: "Apresento ao embaixo do meu pai Oxumaré este meu (............), que vou consagrar (ou já consagrei) na sua irradiação divina".

3º) Ao em frente: de frente para o círculo consagratório, segure o objeto com as duas mãos em concha, curve-se levemente para a frente, dê um giro ou volta em sentido horário e diga estas palavras: "Eu apresento ao em frente do meu pai Oxumaré este meu (.........), que vou consagrar (ou já consagrei) na sua irradiação divina".

4º) Ao atrás: de costas para o círculo consagratório e com o corpo curvado para a frente, segure o objeto com as duas mãos em concha, dê um giro ou volta anti-horária, voltando a ficar de costas para o círculo e diga estas palavras: "Apresento ao atrás do meu pai Oxumaré este meu (............), que vou consagrar (ou já consagrei) na sua irradiação divina".

5º) À direita: voltando a ficar de frente para o círculo consagratório, vire-se para a sua direita e, levemente curvado e segurando o objeto com as mãos em concha, dê uma volta em sentido horário, voltando a ficar de frente para a sua direita e diga estas palavras: "Apresento à direita do meu pai Oxumaré o meu (............), que vou consagrar (ou já consagrei) na sua irradiação divina".

6º) À esquerda: mais uma vez já de frente para o círculo consagratório, vire-se para a sua esquerda, curve-se e, segurando o objeto com as mãos em concha, dê um giro ou volta completa em sentido anti-horário e diga estas palavras: "Apresento à esquerda do meu pai Oxumaré meu (............), que irei consagrar (ou já consagrei) na sua irradiação divina".

1ª Consagração a Oxumaré: no Tempo, em campo aberto

a) Dirija-se ao local escolhido, entre como foi ensinado, firme um círculo com sete velas brancas, cubra o solo dentro dele com pó branco (vegetal ou mineral).

b) Banhar com água o objeto; apresentá-lo; colocá-lo dentro do círculo; derramar mais um pouco de pó branco sobre ele; fazer a oração consagratória; aguardar 20 minutos; retirar o objeto; banhá-lo novamente com água; enxugá-lo; reapresentá-lo; envolvê-lo com um tecido branco; retirar-se como foi ensinado e só voltar a descobri-lo na sua segunda consagração.

2ª Consagração a Oxumaré: na cachoeira

a) Dirija ao local escolhido; deixe as coisas em um ponto e entrar como foi ensinado; abra um círculo de sete velas cor-de-rosa acesas; cubra o solo dentro dele com pó cor-de-rosa.

b) Banhe com água o objeto; apresente-o; coloque-o dentro do círculo de velas; espalhe sobre ele mais um pouco de pó cor-de-rosa; faça a oração consagratória; espere 20 minutos; retire-o; banhe-o novamente com água; enxugue-o; reapresente-o; envolva-o com um tecido branco; retire-se e só volte a descobri-lo na sua terceira consagração.

3ª Consagração a Oxumaré: no mar

a) Dirija-se ao local indicado; entre conforme foi ensinado; firme um círculo com sete velas azul-claras acesas; cubra o solo dentro do círculo com pó azul.

b) Banhe com água do mar o objeto(s); apresente-o; coloque-o no círculo; derrame sobre ele mais um pouco de pó azul; faça a oração consagratória; espere 20 minutos; retire-o e banhe-o com água doce; enxugue-o e reapresente-o; envolva-o; retire-se e só volte a descobri-lo na sua quarta consagração.

4ª Consagração a Oxumaré: no ar

a) Vá até um campo aberto, num dia ensolarado; escolha o local, entre nele conforme foi ensinado; firme um círculo com sete velas amarelas; cubra o solo dentro dele com pó amarelo.

b) Banhe o objeto; apresente-o; coloque-o dentro do círculo; derrame sobre ele um pouco do pó amarelo; faça a oração consagratória; depois de 20 minutos, retire-o; banhe-o com água doce; enxugue-o; reapresente-o; envolva-o com um tecido branco; retire-se e só volte a descobri-lo na sua quinta consagração.

5ª Consagração a Oxumaré: no fogo, em uma pedreira

a) Vá até um local onde haja uma pedra-mesa; dirija-se até ela conforme foi ensinado; firme sobre ela um círculo com sete velas vermelhas; cubra o seu interior com pó vermelho.

b) Banhe o objeto; apresente-o; coloque-o dentro do círculo de velas; faça a oração consagratória; espere 20 minutos; retire-o; banhe-o com água mais uma vez; enxugue-o; reapresente-o; envolva-o no tecido branco; retire-se e só volte a descobri-lo na sua sexta consagração.

6ª Consagração a Oxumaré: na terra, em um solo arenoso

a) Vá até um local apropriado; entre nele conforme foi ensinado; abra um buraco no solo arenoso; cubra-o com pó violeta ou roxo; firme à volta dele um círculo com sete velas violetas.

b) Banhe o objeto; apresente-o; envolva-o em um tecido violeta; coloque-o dentro do buraco aberto dentro do círculo; cubra-o parcial ou totalmente; derrame mais um pouco do pó violeta sobre a terra que está por cima do objeto e sobre ele, se não foi totalmente coberto; faça a oração consagratória. Espere 20 minutos; retire-o de dentro do círculo; banhe-o novamente; enxugue-o; reapresente-o; envolva-o com um tecido branco; retire-se e só volte a descobri-lo na sua sétima consagração.

7ª Consagração a Oxumaré: no vegetal, em campo aberto com vegetação baixa

a) Vá até o local indicado; entre conforme foi ensinado; firme um círculo com sete velas verdes; cubra o solo de dentro do círculo com folhas e depois derrame pó verde sobre as folhas.

b) Banhe o objeto; apresente-o; derrame sobre ele pó verde; cubra-o com mais folhas; faça a oração consagratória; espere 20 minutos; retire-o; banhe-o; enxugue-o; reapresente-o; envolva-o em um tecido branco; retire-se e só volte a descobri-lo no dia seguinte, quando ele já estará pronto para ser entronado no seu altar (se for imagem ou objeto litúrgico), para ser colocado em seu assentamento (objeto mágico ou de axé), para ser entregue ao seu guia (instrumento de trabalhos espirituais) ou para ser usado por você (objeto de proteção).

Se for um colar, você poderá usá-lo como círculo mágico, bastando colocá-lo no solo e acender vela branca no centro dele para ativá-lo e começar a recolher energias negativas, espíritos obsessores, magias negativas, etc.

Umbanda é puro fundamento, é preciso conhecê-lo!

Consagrações na Irradiação de Iansã

Iansã é a mãe divina responsável pelo movimento da criação e pelo direcionamento da evolução dos seres.

Sua natureza ágil e expedita tem a ver com essas suas funções divinas.

Sua associação com o ar (ventanias) é automática e é por causa da sua função movimentadora de tudo que existe a criação.

O próprio giro planetário deve-se a ela, a senhora dos movimentos e das direções, e sua dança marcial e agitada está indicando suas importantes funções ordenadoras da criação.

– Se Oxalá modela tudo e todos, Iansã dá movimento e direciona tudo e todos.

– Se Oxum concebe tudo e todos, Iansã coloca tudo e todos em movimento, direcionando-os.

– Se Oxumaré dá as cores a tudo e a todos, Iansã dá movimento a elas, fazendo-as vibrar intensamente e liberar suas energias coloridas.

– Se Iemanjá gera, Iansã dá movimento a tudo o que é gerado e direciona cada coisa ou ser gerado para seu lugar ou caminho.

– Se Ogum é o senhor dos caminhos, Iansã é quem direciona cada um para o seu e movimenta-o para que nunca pare de evoluir.

Bem, já deu para entender qual é o axé divino de Iansã?

– Não?! – Oras!

– Ossain é dono do axé vegetal!

– Oxalá é dono do axé magnetizador!

– Oxum é dona do axé mineral!

– Oxumaré é dono do axé das cores!

– Exu é dono do axé animal!

– Iansã é dona do axé vibracional!

É isso mesmo, irmãos umbandistas!

Iansã é a senhora dos movimentos e as suas sete giras faz tudo vibrar, pondo em movimento e direcionando-os ordenadamente.

Oxalá gera o magnetismo, mas sem o axé de Iansã, que dá movimento aos magnetismos gerados por ele, tudo ficaria preso a um ponto fixo.

Então temos essa lenda de Iansã, a senhora dos movimentos:

Há uma lenda (não contada antes) que diz que todos os Orixás, quando receberam a ordem de Olodumaré para deixar sua morada interior (centro gerador) e ir habitar na sua morada exterior (mundo manifestado), assim que saíram se depararam com inúmeras dificuldades, pois, se na morada de Olodumaré podiam movimentar-se livremente, no exterior dela todos se sentiam pesados e seus movimentados eram tão lentos que seus axés não fluíam e eles não conseguiam irradiá-los para onde queriam, pois, se os projetavam, eles formavam um caos à volta deles.

Então começaram a retornar à morada interior de Olodumaré para reclamar dessa dificuldade, entre tantas outras que haviam encontrado, para exercer suas funções divinas de senhores portadores dos axés criadores dele, o Divino Criador!

Mas, assim que saíram da morada interior de Olodumaré, faltou-lhes tanto o movimento quanto as direções, eles não só tinham dificuldade para se mover como não encontravam o caminho certo para voltar até a morada dele.

– Ogum gerava caminhos e mais caminhos para que pudessem voltar à morada de Olodumaré, mas faltava-lhe o axé direcionador de Iansã e seus caminhos conduziam a todos os lugares do mundo manifestado, mas nenhum deles conduzia à morada de Olodumaré.

– Oxumaré tentava dar cores a esses caminhos, mas elas não fluíam e à volta dele se criou um caos multicolorido.

– Exu criou animais e mais animais, mandando-os encontrar a morada de Olodumaré, mas mesmo os de faro apuradíssimo não conseguiam rastrear o caminho trilhado por eles e se perdiam no caos estabelecido no mundo exterior.

– Omolu, vendo toda aquela confusão e a dificuldade para retornarem à morada interior de Olodumaré, parou todo o mundo manifestado com seu axé paralisador.

– Oxalá parou de modelar mundos e seres para habitá-los pois todos ficavam amontoados à sua volta porque não só não tinham movimentos, como ele não podia enviar cada mundo e seus habitantes para os devidos lugares, porque lhe faltava o movimento.

– Xangô criava seus raios (axé das irradiações) mas, ao lançá-los, gerava outro caos, pois, por falta de movimento e direcionamento, não só eles não iam para os confins do mundo exterior, iluminando-o, como não sabiam a maneira de chegar à morada de Olodumaré.

– Oxóssi atirava suas flechas, mas elas ficavam paradas no meio do caos. Elas não encontravam seus alvos, pois lhes faltava o axé direcionador que as conduziria até eles.

E assim, todos os Orixás manifestados (ou designados por Olodumaré para administrar sua morada exterior) começaram a clamar-lhe que os ajudasse a encontrar o caminho certo que os conduziriam de volta à sua morada interior, de onde regeriam os muitos aspectos da criação com seus axés.

Mas os seus clamores não fluíam e se perdiam no caos à volta deles, pois não só não tinham movimento, não saindo de suas bocas e permanecendo em suas mentes, como, quando saíam, fluíam vagarosamente, mas sem rumo (sem direção).

Olodumaré, não recebendo notícias do paradeiro dos Orixás e do que estavam fazendo na sua morada exterior que, se antes era vazia agora estava caótica, com axés e mais axés se misturando ou se anulando, enviou seu pássaro mensageiro até Orumilá para que este lhe revelasse o que estava se passando.

Mas até Orumilá não conseguiu responder porque também já se encontrava no mundo exterior, para onde levou o axé das revelações que revelaria tudo a todos, e sua voz não saía de sua boca. E quando jogou os seus búzios, estes também nada revelaram, porque não tinham movimento ou direção e suas jogadas se perdiam.

Assim, quando o pássaro mensageiro soube o que estava acontecendo e quis retornar até Olodumaré para comunicar-lhe, não conseguiu voltar porque os movimentos de suas asas eram tão lentos que não podia voar. E, além dessa dificuldade, outra surgiu para ele, o pássaro mensageiro: não sabia que direção tomar para voltar à morada interior de Olodumaré.

Olodumaré, vendo que nem o seu pássaro mensageiro voltava da sua morada exterior (o mundo manifestado) e vendo que até o caos estabelecido nele já não se movia por causa do axé paralisador de Omolu, chamou até seu trono o Orixá responsável pelo axé refletor, axé que reflete o mundo interior, a morada de Olodumaré para o seu exterior (o mundo manifestado) e reflete o mundo exterior para o mundo interior (mundo imanifesto).

E o Orixá refletor responsável por esse axé de Olodumaré ativou seu mistério, e Olodumaré começou a ver todo o seu mundo ou morada exterior, e todos os Orixás passaram a vê-lo também.

Mas Olodumaré não ouvia o clamor dos Orixás no seu exterior porque lhes faltava o movimento e seus clamores não saíam pelas suas bocas. E quando saíam, dirigiam para todos os lugares menos para Olodumaré, pois lhes faltava o direcionamento.

Os Orixás viam Olodumaré. Este os vendo, mas não sendo ouvido por eles, pois tudo na sua morada exterior estava paralisado, contemplou cada um deles no espelho da vida e da alma do seu Orixá refletor e viu que as dificuldades deles eram muitas para se adaptar e se assentar nela, de onde emanariam seus axés, criando o mundo manifestado.

Então, Olodumaré dotou seu Orixá refletor de nove axés e enviou-o em auxílio aos Orixás exteriorizados.

Os nove axés são estes:

1º Axé: movimentador (axé das vibrações).
2º Axé: direcionador (axé das direções).
3º Axé: separador (axé que separa um axé dos outros).
4º Axé: controlador (axé que controla a emissão de axés pelos outros Orixás).
5º Axé: espelhador (axé que reflete tudo o que é pensado).
6º Axé: sonorizador (axé que torna audível todos os pensamentos e sentimentos).
7º Axé: cadenciador (axé que cadencia a tudo e a todos).
8º Axé: espalhador (axé que espalha por todo o mundo manifestado os axés dos outros Orixás).
9º Axé: combinador (axé que combina os axés dos outros Orixás na proporção certa, evitando o caos).

Olodumaré, após criar nove novos axés em seu Orixá refletor, enviou-o à sua morada exterior em auxílio aos outros Orixás.

A esse Orixá, no qual engendrou nove novos axés, Olodumaré deu o nome de Iyá Mesan (a mãe dos nove filhos).

E então, toda esplendorosa, surgiu no mundo exterior Iansã (Iyá Mesan ou Iyá Avesan), que refletia toda a beleza da morada interior de Olodumaré aos Orixás manifestados.

Mas, se isso ela fazia por ser o Orixá refletor dos dois mundos (o interior e o exterior), ela também refletia toda a feiura do mundo exterior, mergulhado no caos.

Ela refletia a angústia e a aflição dos outros Orixás por não conseguirem se movimentar e não poderem direcionar seus axés em benefício da criação exterior de Olodumaré.

A tudo ela refletia enquanto se movimentava por toda a criação na sua dança frenética, durante a qual espargia para tudo e todos os seus nove axés.

E os outros Orixás, vendo Iansã dançar sem parar e espargir seu axé que lhes dava movimento, direção, separava os axés, etc. começaram a dançar atrás dela, cada um ao seu modo.

E assim, com cada um dançando já com seus passos cadenciados pelo axé cadenciador que ela os estava enviando, começaram a espargir (emanar) seus axés de forma controlada, dando forma ao caos.

E os mundos começaram a tomar formas as mais diversas possíveis, refletindo em cada uma delas a beleza e a harmonia da morada interior de Olodumaré, que passaram a existir também na sua morada exterior.

Dos olhos de Iansã, como se fossem dois espelhos, saíam raios que iluminavam os olhos dos outros Orixás, que também passaram a refletir por eles o mundo interior (a morada interior de Olodumaré).

E onde os Orixás pousavam seus olhos enquanto dançavam, ele ali começava a ser refletido, e os seres ficavam encantados pela beleza e harmonia da morada interior d'Ele e começavam a desejar retornar para Ele imediatamente, pois, mesmo vendo a beleza e a harmonia do mundo manifestado e tendo nele tudo do que precisavam, ainda assim desejavam retornar, porque sabiam que esse mundo exterior é só um reflexo do mundo interior, onde Olodumaré reside.

E, aí, nesse tempo quando o tempo ainda não existia, surgiram os seres encantados, os que por meio da dança dos Orixás começam a desejar retornar à morada interior do Divino Criador Olodumaré.

Iansã, vendo esse desejo refletido nos olhos dos filhos de Olodumaré gerados no seu exterior, chamou para si o dever de reconduzi-los à morada interior e passou a ser chamada de senhora dos Eguns (dos espíritos) pelos outros Orixás.

E Iansã criou a dança dos Eguns e deu a um dos seus nove filhos (seus nove axés) o nome de Egungun (a alma dos espíritos), em cujos olhos (espelhos) são refletidos todos os pensamentos.

E na sua dança (o axexe) outro filho de Iansã, portador do axé separador, dança atrás de Egungun e vai separando os Eguns verdadeiramente encantados pela beleza e harmonia da morada interior de Olodumaré dos que, fascinados pela ilusão de encontrar no mundo interior o que não viram no mundo exterior, só querem fugir dele sem ainda estarem refletindo nos seus olhos a beleza e a harmonia existentes na morada interior de Olodumaré.

A estes, Iansã reservou-lhes o vazio, no qual morada alguma existe, para que eles reflitam em si mesmos a ausência da beleza e da harmonia existentes na morada de Olodumaré. Assim, vendo a si mesmos, eles se horrorizam com sua feiura e desordem interior e começam a desejar retornar ao mundo exterior (reencarnar) para que possam encontrar-se nele e descobrir-se refletores dele para os seus semelhantes, tornando-se, cada um, um caminho de volta ao interior do nosso Divino Criador Olodumaré.

E os outros Orixás, vendo a dificuldade dos Eguns em retornar à morada interior de Olodumaré e, lembrando-se de que Iansã, dançando e dançando, devolveu-lhes os movimentos e o senso de direção que lhes permitiu assumir suas funções no mundo manifestado, compadeceram-se do sofrimento e das dificuldades deles e concederam-lhes o direito de, com suas danças sagradas, começar a vislumbrar o mundo interior e descobrir por si e em si mesmos a existência dele. Também prometeram ensinar-lhes como se separar do mundo exterior sem sair dele e espelhando Olodumaré cada vez mais em seus olhos, pensamentos, ações, movimentos e palavras, chegarem até Ele por um caminho luminoso, belo e harmônico.

E todos se comprometeram diante de Iansã a ajudá-la nessa tarefa árdua de reconduzir todos os Eguns à morada interior de Olodumaré.

– Ogum prometeu abrir quantos caminhos se fizessem necessários para eles. Inclusive, assumiu o compromisso de abrir um caminho para cada um. Com essa promessa de Ogum, cada Egum passou a ter um caminho próprio para que chegasse por conta própria à morada interior de Olodumaré.

– Omolu prometeu acolher em seus domínios todos os Eguns, para facilitar a árdua tarefa de Iansã, pois ali, nos domínios dele, ela separaria mais facilmente os encantados dos desencantados. E assim os Eguns passaram a ter uma morada coletiva mas transitória, que são os cemitérios.

– Obaluaiê, que é o dono do axé que abre passagens entre os mundos, prometeu abrir uma passagem para cada Egum que queira retornar para o mundo interior onde reside Olodumaré.

E assim surgiram as portas, as porteiras e os portais pelos quais os Eguns podem retornar para Olodumaré. Mas, para não atrapalhar a árdua tarefa de Iansã de separar os encantados dos desencantados, aos primeiros ele criou portas, porteiras e portais luminosos e aos segundos ele os criou escuros.

– Exu, com seu axé confundidor, prometeu ajudá-la na sua árdua tarefa confundindo os Eguns desencantados, fazendo parecerem luminosas as passagens escuras. E assim surgiram os enganos.

– Pombagira prometeu a Iansã que tentaria todos os Eguns que, assim, tentados pelas coisas ilusórias do mundo exterior, se voltariam mais rapidamente para o mundo interior existente neles mesmos e se desencantariam das tentações que os afastam mais e mais da morada interior de Olodumaré. E assim surgiram os desejos!

– Oxumaré prometeu a Iansã que, com seu axé das cores, daria uma cor específica e luminosa a cada um dos Eguns já encantados e não daria cor alguma aos desencantados, facilitando-lhe a separação deles. E assim surgiram as cores dos Eguns encantados e a ausência de cores nos desencantados.

– Oxóssi, que é o Orixá supridor de alimentos para os que vivem na morada exterior de Olodumaré, prometeu a Iansã que supriria todas as necessidades alimentares da alma dos encantados e não deixaria faltar o mínimo indispensável aos desencantados para que eles sobrevivam até descobrir em si mesmos o caminho, a porta e a cor luminosa que os conduzem ao mundo interior, onde reside Olodumaré.

E assim surgiu o autoconhecimento e a conscientização.

– Xangô prometeu a Iansã usar o seu axé energizador para dar força a todos os encantados, pois assim mais rapidamente retornariam ao mundo interior. E também prometeu-lhe que tiraria toda a energia dos que, totalmente voltados para o mundo exterior, estarão se afastando mais e mais do caminho luminoso que os reconduz à morada interior, onde reside Olodumaré.

– Oxalá, senhor do axé das formas, prometeu a Iansã dar formas belíssimas e luminosas aos encantados e dar formas horrorosas e sombrias aos desencantados, facilitando a separação deles em sua árdua tarefa de reconduzir os encantados pela beleza e harmonia existentes na morada interior, onde reside Olodumaré.

E assim surgiram as formas encantadoras e luminosas e as feias e horrorosas.

– Oxum, senhora do axé conceptivo, prometeu a Iansã que a ajudaria em sua árdua tarefa tornando produtivos e afortunados os encantados e tornando estéreis e desafortunados os desencantados. E assim surgiram a riqueza e a pobreza no mundo exterior.

E, de um em um, todos os Orixás, agradecidos a Iansã por ela lhes ter dado os axés indispensáveis para que eles pudessem criar o mundo exterior a partir do caos estabelecido, todos prometeram ajudá-la na sua árdua tarefa de reconduzir os eguns de volta à morada interior, onde reside Olodumaré, e que está localizada no íntimo de todos nós, sejamos espíritos ou Orixás. Morada esta que pode ser visualizada em nós mesmos e que podemos refletir através dos nossos olhos, os espelhos da nossa alma!

– Iansã é movimento e direção e, porque seu axé é o das vibrações que coloca tudo em movimento, ela também compartilhou-o com os outros Orixás e cada um deles criou a sua faixa vibratória, por meio da qual flui seu axé, sem que um interfira na ação de outros.

Assim entendido, então temos axés mineral, vegetal, animal e o vibracional, de Iansã.

Portanto, quando você for consagrar seus objetos, saiba que irá imantá-los com o axé vibracional dela, a senhora dos ventos, dos raios e do trovão, fenômenos da natureza. Mas também estará imantando-os no Mistério Guardião do Tempo.

Falemos um pouco do Tempo:

O tempo existe como fator cronológico e como registrador de eventos. Ele é como esta folha de papel na qual escrevemos o que pensamos, sabemos e aprendemos; se não, essas coisas não serão registradas e não se tornarão acessíveis a outras pessoas.

Logo, tempo é sinônimo de registro.

– É sim, meu divino pai Obaluaiê!

E o espaço, ainda que infinito e vazio, passou a existir porque o Divino Criador Olodumaré o havia pensado, e o havia pensado para acolher tudo o que estava reproduzido continuamente dentro de sua morada interior.

Logo, consagrar corretamente um objeto na irradiação de Iansã é dotá-lo da imantação vibracional e torná-lo capaz de ações magníficas.

Todo objeto consagrado na irradiação dela adquire uma vibracionalidade intensa e é capaz de fazer um pêndulo girar desordenadamente, ora girando em uma direção, ora em outra. E, se o operador dele insistir em continuar com ele no campo do objeto imantado, sentirá que primeiro sua mão e depois o seu braço começarão a vibrar, obrigando-o a interromper sua ação.

Iansã é isso: vibração!

Para consagrar um objeto na irradiação dela é preciso proceder corretamente.

Procedimento para entrar no campo vibratório de Iansã

1º) Escolha um local aberto e que você possa dar nove voltas em sentido horário até chegar ao ponto onde irá abrir seu círculo consagratório.

2º) Você só entra realmente no centro-neutro de Iansã se, com uma vara, riscar uma espiral com nove voltas, sobre a qual caminhará até o ponto consagratório.

3º) A caminhada não é uma marcha e sim é uma dança, pois você colocará os dois pés, lado a lado, no início da espiral, se ajoelhará; a saudará e se curvará e tocará o solo com a testa para pedir-lhe licença para caminhar até o seu centro-neutro; em seguida se levantará e, com o corpo levemente curvado para a frente, baterá palmas (3x3) antes de dar os três primeiros passos (primeiro, pé direito; segundo, pé esquerdo; terceiro, pé direito) sempre batendo palmas para afastar os Eguns e abrir passagem. E, sem parar, após dar os três passos para a frente, dará dois para trás (o primeiro, com o pé direito e o segundo com o pé esquerdo). Para em seguida avançar outros três passos e recuar novamente dois para trás.

Como após iniciar sua caminhada até o centro-neutro consagratório não poderá parar de andar para a frente (três passos) e para trás (dois passos) e terá de ir batendo palmas até completar as nove voltas rumo ao interior (de fora para dentro), então a sua entrada será uma dança ritual.

O fundamento dessa entrada é este: a cada passo a vibração é mais intensa e, após três passos para frente, o nosso espírito se sobrecarrega tanto que precisamos recuar dois e reter só um terço dela para, a seguir, sobrecarregá-lo com mais três passos e descarregar outros dois. Fazendo isso de forma contínua e cadenciada (passos não muito rápidos nem lentos), conseguimos avançar rumo ao seu centro-neutro e internalizar em nosso espírito suas nove vibrações diferentes.

Resumindo, ninguém chega a Iansã se não dançar para ela a dança de Egungun, o primeiro dos filhos de Iansã, a mãe dos nove filhos.

A "roda de dança" dos Orixás em que eles vão incorporando em seus filhos, e cada um faz os seus movimentos repetitivos, indicando suas funções na criação, é uma homenagem a Iansã por ela lhes ter concedido o seu axé vibratório, axé este que permitiu que eles adquirissem movimento na morada exterior de Olodumaré (no mundo manifestado).

Então, quando chegar ao ponto central da espiral (no centro-neutro de Iansã), você deve se ajoelhar e encostar a testa no solo. A seguir, peça-lhe a bênção e a licença para consagrar na irradiação divina dela os seus objetos e também para poder se movimentar naturalmente até o momento de se retirar, quando procederá desta forma:

Procedimento para sair do centro-neutro da Iansã

1º) Após terminar de consagrar seus objetos, ajoelhe-se, bata palmas (3x3); levante-se e recue três passos, começando com o pé direito; após dar esses três passos para trás, dê dois para a frente (sempre em cima do risco em espiral no chão), ajoelhe-se novamente, agradeça e peça mais uma vez licença para se retirar. Então, vire-se e, sempre batendo palmas (3x3) e um pouco curvado a para frente, vá andando naturalmente até chegar ao final da espiral, quando se voltará virando o corpo pelo seu lado direito, até ficar de frente para o círculo consagratório e, ainda curvado se ajoelhará, tocará o solo com a testa, agradecerá e mais uma vez e pedirá licença para retornar ao mundo exterior ou profano.

Obs.:
a) Ao entrar e ao sair, vamos batendo palmas ora à direita, ora à esquerda.
b) Ao entrarmos, pedimos-lhe que nos abençoe e nos imante com seu axé vibracional.
c) Ao sair, pedimos-lhe que nos guie na caminhada no mundo profano, livrando-nos de todas as confusões, engodos e ilusões.
d) Após sairmos corretamente, podemos retornar, já andando em linha reta e recolher os objetos consagrados na sua irradiação divina.

Os campos onde consagramos para Iansã são só três: à beira da água (mar, rio, lago ou cachoeira); no Tempo, em um campo aberto; em uma pedreira (em uma pedra-mesa).

Oração consagratória a Iansã

– Minha mãe Iansã, senhora dos ventos, da chuva e dos raios, eu a evoco e rogo, em nome do Divino Criador Olodumaré, e clamo à senhora que me conceda a graça de ter esse meu objeto consagrado na sua vibração e na sua irradiação e que ele seja imantado no seu <u>mistério movimentador da criação</u> exterior do nosso Divino Criador.
Amém!

O 1º mistério, o movimentador, flui por meio da água (a água é sua concentradora).

O 2º mistério, o direcionador, flui por meio do ar (o ar é o seu concentrador).

O 3º mistério, o ordenador, flui por meio dos raios (os raios são seus concentradores).

Apresentação dos objetos a serem consagrados na irradiação de Iansã

1º) Ao alto: pegue o objeto com as duas mãos; eleve-o acima da cabeça; dê uma volta em sentido horário e outra em sentido anti-horário, girando sem sair do lugar, ou seja, gire a si mesmo, dizendo estas palavras: "Apresento aos poderes e forças do alto de minha mãe Iansã o meu (..........), que vou consagrar (ou já consagrei) na sua irradiação divina".

2º) Ao embaixo: logo após apresentá-lo ao alto, curve-se bem e, com o objeto seguro com as duas mãos em concha e bem próximas do chão, dê um giro sobre si mesmo, à esquerda, e diga estas palavras: "Apresento aos poderes e forças do embaixo de minha mãe Iansã o meu (..........), que irei consagrar (ou já consagrei) na sua irradiação divina".

3º) À esquerda: pegue o objeto com as duas mãos e, curvando-se um pouco para a frente, vire-se de costas para o círculo consagratório e (sempre de costas para ele) "ande de lado", em sentido anti-horário até completar uma volta ao redor dele, sempre dizendo estas palavras: "Apresento aos poderes e forças à esquerda da minha mãe Iansã o meu (............) que irei consagrar na sua irradiação divina". E quando for reapresentá-lo diga estas palavras: "Apresento aos poderes e às forças à esquerda da minha mãe Iansã o meu (..............), que consagrei na sua irradiação divina".

4º) À direita: proceda exatamente como na apresentação à esquerda só alterando o giro, que será em sentido horário, e diga estas palavras: "Apresento aos poderes e forças à direita da minha mãe Iansã o meu (..............), que vou consagrar na sua irradiação divina". E quando for reapresentá-lo diga estas palavras: "Apresento aos poderes e às forças à direita da minha mãe Iansã o meu (..............), que consagrei na sua irradiação divina".

5º) Ao à frente: de frente para o círculo consagratório dê três passos para trás e dois para a frente, curve-se e, com o objeto seguro com as duas mãos na altura da cabeça, diga essas palavras: "Apresento ao em frente da minha mãe Iansã o meu (..............), que vou consagrar (ou que consagrei) na sua irradiação divina".

6º) Ao atrás: de frente para o círculo consagratório, dê três passos para trás, vire-se de costas para o círculo e dê dois passos para trás. Em seguida, ajoelhe-se, curve-se bem e, com o objeto seguro com as duas mãos adiante da sua cabeça, diga estas palavras: "Apresento ao atrás de minha mãe Iansã o meu (............), que vou consagrar (ou já consagrei) na sua irradiação divina". Após fazer isto, vire-se de frente para o círculo, dê dois passos para trás e três passos para a frente, em direção ao círculo.

7º) Ao em volta: segurando o objeto nas mãos, na altura do peito, vire-se de costas para o círculo consagratório e caminhe naturalmente em cima da espiral até chegar ao seu ponto de entrada (mas sem sair dele, (senão você voltará ao mundo profano). Então, vire-se e retorne até ficar diante do círculo consagratório, para iniciar sua consagração na irradiação dela.

Obs.: Enquanto caminhar para fora e voltar para dentro, deve ir dizendo estas palavras: "Eu apresento ao em volta da minha mãe Iansã este objeto (dizer o nome do objeto), que vou consagrar (ou já consagrei) em sua irradiação divina".

Lembre-se de que, antes e depois de consagrar um objeto, você deve apresentá-lo segundo indicamos aqui, se não ele não será reconhecido pelos poderes e pelas forças do em cima e do embaixo, da direita e da esquerda, do à frente e do atrás e do em volta dos Orixás.

Mas todo objeto, se devidamente apresentado e consagrado, terá em si todos esses poderes e forças e será um portal e um campo do Orixá que o consagrou em sua irradiação divina.

Lembre-se sempre disto: Umbanda tem fundamentos divinos e é preciso conhecê-los para obter o máximo de poder aos seus objetos, trabalhos, oferendas e assentamentos.

Mas, caso você ache difícil e complicado seguir ao pé da letra as fórmulas consagratórias que aqui ensinamos e que são sagradas porque obedecem ao magnetismo e aos fundamentos divinos de cada Orixá, então continue com a fórmula geral, ensinada pelos guias espirituais, que ela também funciona, ainda que não dê aos objetos o poder mágico.

Só não se esqueça de que essa fórmula usada por pessoas que têm de ir à natureza para oferendar os Orixás é o que é: uma forma aberta e geral.

Quem ficava curioso com certos rituais internos dos outros cultos afros aqui praticados e não entendia nada, agora irá entendê-los e respeitá-los ainda mais, porque eles têm seus fundamentos sagrados no culto aos Orixás.

Mas, que todos saibam que ninguém tinha conhecimento da existência desses nossos procedimentos fundamentais para consagrações, só agora trazidos ao plano material pela Umbanda Sagrada, a sua religião, para que não seja preciso copiar mais as práticas e fundamentos alheios.

– Umbanda tem fundamentos, é preciso prepará-los, irmãos umbandistas!

Agora, vamos às consagrações. Ainda que a consagração realizada na água deva ser feita na chuva, recomendamos apenas que recolham água de chuva para levá-la e usá-la como condensadora da vibração movimentadora.

1ª Consagração na irradiação movimentadora de Iansã

a) Dirija-se a um rio ou cachoeira, escolha bem perto o local onde abrirá seu círculo mágico consagratório.

b) Após escolhê-lo, risque com uma vara a espiral indicada e entre por ela, como já foi ensinado. Após isso, movimente-se livremente até chegar o momento de consagrar seus objetos.

c) Abra um círculo com sete velas amarelas e cubra-o com pétalas de rosas amarelas.

d) Coloque no centro dele uma tigela ou bacia de ágata com água de chuva dentro.

e) Macere dentro da tigela com água um pouco de pétalas de rosas amarelas.

f) Apresente seu objeto conforme foi indicado; banhe-o com água de chuva e coloque-o dentro da tigela; faça a oração consagratória; aguarde 15 minutos; retire-o e banhe-o na água do rio ou da cachoeira; enxugue-o; reapresente-o; envolva-o em um tecido amarelo; retire-se, conforme foi ensinado, e só volte a descobri-lo na sua segunda consagração.

2ª Consagração na irradiação direcionadora de Iansã: no ar

a) Vá até um campo aberto e, após escolher o local onde firmará o círculo consagratório, proceda como já foi ensinado.

b) Firme um círculo com sete velas amarelas; cubra-o com pó de pemba amarela.

c) Apresente o objeto a ser consagrado; banhe-o com água de chuva; coloque-o dentro do círculo; espalhe sobre ele mais um pouco de pó de pemba amarela; faça a oração consagratória; após 15 minutos, retire o objeto e banhe-o com água de chuva; enxugue-o; reapresente-o; envolva-o com um tecido amarelo; retire-se, conforme foi ensinado, e só volte a descobri-lo na sua terceira consagração.

3ª Consagração na irradiação ordenadora de Iansã: na pedreira

a) Dirija-se a uma pedreira e, após escolher uma pedra-mesa, risque a espiral ao redor dela.

b) Entre conforme foi ensinado, firme sobre a pedra-mesa um círculo com sete velas amarelas; cubra-o com pó de pemba e pétalas de rosas amarelas; apresente o objeto; banhe-o com água de chuva; coloque-o dentro do círculo e espalhe sobre ele um pouco de pó de pemba amarela.

c) Faça a oração consagratória; derrame álcool nos lados da pedra e coloque fogo nele; após 15 minutos, retire o objeto e lave-o com água de chuva; enxugue-o; reapresente-o; envolva-o com um tecido amarelo; retire-se, conforme foi ensinado, e só volte a descobrir seu objeto, já consagrado, no dia seguinte, com ele pronto para ser usado.

Lembre-se de que um objeto consagrado adquire real poder de realização e deve ser tratado com respeito; deixou de ser algo material e profano e tornou-se espiritual e sagrado, pois tem em si uma imantação divina.

Espiral consagratória de Iansã:

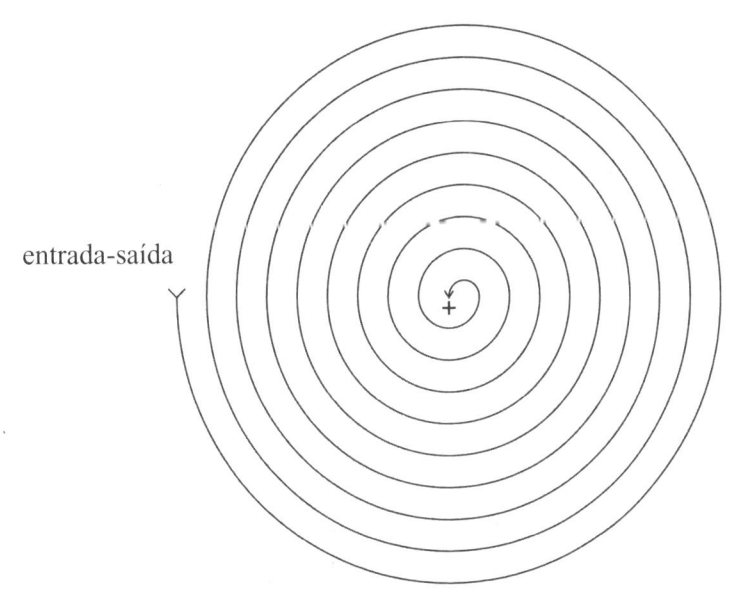

entrada-saída

+ centro consagratório

Lenda de Obá, a Senhora dos Axés Concentrador, Fixador e Condensador

Conta uma das lendas dos Orixás que, após Olodumaré enviá-los ao seu mundo exterior, a sua morada externa, foram muitas as dificuldades encontradas por eles no vazio absoluto então existentes, e o único meio que encontraram para realizar seus trabalhos de construção do Universo e ocupar seus domínios nele foi compartilhar seus axés, com uns doando os seus e recebendo os dos outros.

Ora era a dificuldade de se comunicarem, ora de se locomoverem, de direcionarem, etc.

Mas uma das maiores foi a seguimte: eles irradiavam seus axés, mas nada criavam, pois, se eram criadores de "coisas", no entanto, assim que criavam algo em um local do vazio, para ocupá-lo, esse algo começava a dissipar-se, espalhando-se no vazio.

Não tinha jeito: criavam, criavam e criavam! E tudo se dissipava no vazio.

Cansados de criar mundos e vê-los se dissipar no instante seguinte, todos se voltaram para Orumilá, o Orixá das revelações, que logo descobriu a causa: a falta dos axés concentrador, fixador e condensador!

Mas outra dificuldade surgiu: quem possuía esses axés?

Todos os presentes nessa reunião revisaram seus axés e não os encontraram.

– O que fazer sem ele? – perguntou um dos Orixás ali reunidos.

— Nada! — respondeu Oxum, senhora do axé agregador — Eu agrego o que vocês geram, mas no instante seguinte tudo se desagrega e se dissipa!

Então, depois de muito pensar e discutir, resolveram enviar o pássaro mensageiro de Oxalá até Olodumaré, solicitando seu auxílio para levar adiante suas missões de construção e concretização dos mundos na sua morada exterior.

E o pássaro mensageiro de Oxalá foi até Olodumaré, só voltando muito depois, e com esta mensagem:

— Procurem no vazio a minha filha geradora do axé que usei para criá-lo. Ela irá ajudá-los a encontrar minha outra filha que vive atrás do vazio, e é a única que poderá ajudá-los a concretizar os mundos que formarão a minha morada exterior!

E cada um dos Orixás partiu numa direção, à procura da irmã deles que havia gerado o vazio, para que ela lhes revelasse onde encontrar a outra filha de Olodumaré que gerava o axé que iria ajudá-los na concretização dos mundos na morada exterior d'Ele.

E, quando um Orixá, que faz parte do grupo dos não revelados, encontrou a senhora do axé gerador do vazio absoluto, por mais que argumentasse com ela, não a convencia a revelar-lhe o local onde se encontrava a filha de Olodumaré que poderia partilhar com eles o axé que daria permanência aos mundos gerados.

Esse Orixá não revelado foi até Oxalá e pediu-lhe que enviasse seu pássaro mensageiro até onde estavam os outros Orixás para que voltassem a reunir-se e encontrar um meio de demover aquela senhora do vazio absoluto que estava ocultando a outra filha de Olodumaré que poderia ajudá-los na obra de concretização dos mundos na sua morada exterior. E o último a chegar ao local do encontro para irem até a senhora do axé criador do vazio foi Oxalá, que vinha em passos lentos porque carregava todos os modelos dos mundos a serem criados.

Alguns Orixás mais ágeis até se ofereceram para carregá-los, pois assim chegariam mais rápido até onde ela se encontrava. Mas quando tentaram erguê-los para colocá-los nos ombros, nem sequer conseguiram movê-los do solo, pois o peso dos modelos dos mundos era tanto que só Oxalá podia carregá-los.

E todos os Orixás curvaram-se diante de Oxalá e o reverenciaram longamente por sua imensa força, que lhe permitia carregar todos os modelos dos mundos.

Só um Orixá muito forte conseguiria tal proeza divina. E Oxalá era esse Orixá!

E, um a um, todos os Orixás prometeram a Oxalá que o ajudariam na sua árdua tarefa de carregar o peso dos modelos.

Ogum disse naquele momento:

– Oxalá é o rei dos mundos!

E todos os Orixás, ali presentes, responderam:

– Salve Oxalá, o rei dos mundos, o mais forte dos Orixás!

E todos prometeram a Oxalá que, após solucionarem aquela dificuldade com o vazio, não mais o chamariam até seus domínios para não o cansar ainda mais na sua árdua tarefa de carregar os modelos.

Sim, Oxalá vivia indo até cada um deles para lhes dar os modelos dos mundos. E vivia se cansando com tantas solicitações de modelos que, após serem dados aos outros Orixás, logo se dissipavam.

Então, de comum acordo, todos concordaram que dali em diante iriam até Oxalá caso quisessem ou precisassem de um modelo novo ou de um novo modelo.

E ficou acertado entre todos os Orixás que só quem fosse até Oxalá teria seus modelos originais dissipados remodelados ou dele obteriam um novo modelo para ocupar um lugar ainda vazio na morada exterior de Olodumaré.

Também acordaram que Oxalá seria em si um ponto de encontro para eles, que sempre se reuniriam à volta dele para deliberar sobre o destino dos mundos exteriores concretizados na morada exterior de Olodumaré.

E até hoje, quem quiser se encontrar com todos os Orixás de uma só vez, basta achegar-se a Oxalá, pois estarão todos reunidos ao redor dele.

E todos os Orixás ali reunidos viram Oxalá sorrir pela primeira vez desde que havia recebido de Olodumaré a incumbência de carregar sozinho os modelos dos mundos a serem criados na sua morada exterior.

E a alegria de todos aqueles Orixás, felizes por verem Oxalá sorrir, era tanta que começaram a cantar e a dançar à volta dele.

E assim, até hoje, só quando estão ao redor de Oxalá, todos os Orixás dançam e cantam sem que os de um atrapalhem ou interfira com os dos outros.

Então, todos os Orixás ali presentes acordaram que só na presença de Oxalá poderiam cantar e dançar à vontade, pois o canto e a dança de um não incomodariam os outros, pois cantar e dançar para Oxalá é expressar a alegria que todos sentem ao vê-lo sorrir de felicidade!

E infeliz seria quem disso não soubesse ou isso não fizesse, pois o sorriso de Oxalá emana a alegria de se viver na morada exterior de Olodumaré, criada justamente para que cada coisa e cada ser tivessem o seu próprio domínio, e de posse dele pudessem irradiar o seu axé livremente.

E Oxalá se alegrou tanto que, ao invés de caminhar com passos firmes e duros, também começou a dançar, enquanto caminhava ao encontro da Senhora do Vazio Absoluto.

E todos os Orixás ali presentes, já sem pressa de chegar até ela, seguiram Oxalá, dançando e cantando, alegres e felizes por verem que quando todos cantam e dançam à volta dele, ele caminha dançando e dança caminhando, indicando a todos o caminho a seguir e o ritmo a ser imposto às suas caminhadas.

– E Oxalá recebeu mais um título de todos os Orixás ali presentes: o de senhor do ritmo dos passos que cada um deve dar se quiser chegar a algum lugar ou até alguém.

E Oxalá, o senhor do ritmo dos passos, feliz por receber esse título inesperado, retribuiu determinando, naquele momento, que só chegariam aos Orixás quem cantasse e dançasse nos seus ritmos e passos criadores.

E todos os Orixás ali reunidos concordaram com Oxalá e determinaram que só entraria em seus domínios quem viesse até eles cantando e dançando no ritmo dos seus passos.

Também determinaram, naquele momento especial da criação exterior, que quem assim não procedesse não entraria em seus domínios e não receberia das mãos deles os seus axés puros e realizadores de obras na morada exterior de Olodumaré.

É por isso que nos cultos tradicionais afros e na Umbanda os médiuns abrem seus trabalhos espirituais cantando e dançando para os Orixás.

E os Orixás ali presentes também determinaram que só cantando e dançando para eles os habitantes da morada exterior de Olodumaré teriam seus pedidos e clamores atendidos e realizados em suas vidas interiores. Já os pedidos e clamores enviados sem cantos e danças só se realizariam em suas vidas exteriores.

E assim tem sido até hoje!

Então, com Oxalá à frente, todos os Orixás chegaram até a Senhora do Vazio Absoluto.

Os Orixás masculinos cantavam e dançavam à esquerda de Oxalá enquanto os Orixás femininos isso faziam à direita dele.

E, por isso, até hoje, quando os filhos dos Orixás se reúnem para louvá-los, as mulheres ficam à direita e os homens ficam à esquerda de quem está conduzindo a louvação.

Só dois Orixás não seguiam aquela regra:

– Exu dançava em volta dos Orixás femininos, e Pombagira dançava em volta dos Orixás masculinos.

Por isso, até hoje os Orixás masculinos carregam Pombagira, e os Orixás femininos carregam Exu. Mas esta é outra lenda da criação dos mundos na morada exterior de Olodumaré que contaremos em outra hora.

Mas podemos garantir-lhes que nem o mais sábio dos iniciados que já possa ter vivido ou que ainda vive entre vocês sabe essa lenda ou ensinou isso aos seus filhos de fé: – que todo médium que tem na sua frente um Orixá masculino deve assentar sua Pombagira Rainha na sua tronqueira, como dona dela. E que quem tem na sua frente um Orixá feminino deve assentar o seu Exu Rei na sua tronqueira, como dono dela.

E, com todos os Orixás ali, à sua frente, cantando e dançando atrás de Oxalá, alegres e felizes, a dona do axé do vazio absoluto se contagiou com tanta alegria e felicidade juntas, que perguntou a ele o que desejava saber ou o que queria dela.

E Oxalá disse que queria saber onde encontrar a filha de Olodumaré que possuía o axé que concentraria, condensaria e fixaria na morada exterior os mundos que estavam sendo criados pelos Orixás, mas que se desagregavam e se dissipavam assim que eram criados.

E aquela senhora do axé do vazio, que era em si o vazio absoluto, respondeu-lhe:

– Eu não vou lhe revelar onde a encontrar

– Por que não se estamos cumprindo ordens do nosso pai, o Divino Criador Olodumaré?

– Ora, se eu lhe revelar onde ela está, logo deixarei de existir, pois vocês me ocuparão com mundos e mais mundos, não restando mais nada de mim, a poderosa senhora do axé do vazio absoluto!

– Mas nós só poderemos realizar o que nos foi ordenado se você não nos revelar onde está a nossa irmã geradora dos axés que dão permanência às nossas criações, Senhora do Vazio!

– Eu não quero deixar de existir, e ponto final em nossa conversa, Orixá cujo sorriso de alegria quase me encantou e me fez revelar onde ela se encontra.

Oxalá ensimesmou-se e começou a pensar numa solução para aquela dificuldade inesperada.

E todos os Orixás ali presentes, com exceção de Exu e Pombagira, curvaram-se e recolheram-se em si mesmos, pois, quando Oxalá recolhem-se em si, tudo para e todos recolhem-se em si e ficam no aguardo da pronúncia da solução, que, assim que é falada, torna-se Lei e autorrealiza-se na criação e na vida dos seres, sejam eles seres divinos, seres naturais, seres espirituais, espécies inanimadas, criaturas, etc.

E Oxalá, ensimesmado, pensou, pensou e pensou! E tanto pensou soluções quanto as descartou, pois nenhuma delas o satisfazia e o fazia voltar a sorrir.

Como naquela época o tempo ainda não existia na morada exterior de Olodumaré, pois Ele ainda não o havia exteriorizado, não podemos dizer quanto tempo Oxalá ficou pensando numa solução para aquele problema inesperado.

Mas que durou muito tempo esse pensar de Oxalá, isso é certo!

Quando, finalmente, Oxalá pensou em algo que o agradou e o fez sorrir, saindo do seu recolhimento em si mesmo, todos os Orixás ali presentes voltaram os seus olhos na direção dele, ansiosos por ouvir seu pronunciamento, que dali em diante se tornaria Lei na morada exterior de Olodumaré, o nosso Divino Criador.

E Oxalá pronunciou essa Lei da criação exterior de Olodumaré:
– Senhora do Vazio, alegre-se novamente porque a solução que pensei para que continue a existir é esta: cada Orixá exteriorizado pelo nosso Senhor e Divino Criador Olodumaré gerará em seus domínios um lado pleno e outro vazio.

No lado pleno viverão os seres plenos e tudo mais que se sentir pleno na morada exterior do nosso pai Olodumaré. No lado vazio viverão todos os seres vazios e tudo mais que se sentir vazio na morada exterior do nosso pai Olodumaré. O lado pleno se chamará faixa luminosa da criação e o lado vazio se denominará faixa escura da criação.

E haverá uma faixa neutra entre elas, separando-as, e que terá a função de ser transitória pois para ela serão atraídos todos os seres e tudo mais que começar a se sentir vazio, mesmo estando vivendo na faixa plena, e todos e tudo que, mesmo vivendo na faixa vazia começar a vibrar o desejo de se tornar pleno na morada exterior do Divino Criador Olodumaré. O seu domínio, Senhora do Vazio, e que é o vazio absoluto, será compartilhado com todos nós, e cada um assumirá uma parte dele e cada uma dessas partes se chamará polo negativo do Orixá que assumi-la. E, para ele, só irão os seres e tudo mais que esvair-se e tornar-se vazio em si mesmo. Assim, com eles vazios em si mesmos, não serás incomodada com a presença deles em seus domínios. E eles apenas começarão a incomodá-la quando se lembrarem que só deixarão de ser vazios quando retornarem à faixa plena e nela tornarem-se plenos em Olodumaré. E porque Exu e Pombagira não se recolheram em si mesmos enquanto eu pensava, eles serão os responsáveis pela vigilância dos seres e de tudo mais que começarem a vibrar no íntimo o vazio ou o desejo de se tornar plenos. E os que estiverem se esvaindo serão atraídos para a faixa neutra por Exu e Pombagira, assim como farão com aqueles em que começar a vibrar o desejo de se tornar plenos e estiverem retidos no vazio.

Ali, naquele tempo quando o tempo ainda não existia, Exu e Pombagira receberam de Oxalá a função de vigias dos polos vazios dos Orixás (hoje não tão vazios, de tantos seres vazios que já foram enviados a eles desde então. Mas isso é outra lenda que contaremos noutra hora, certo?)

E a senhora do axé que esvazia tudo e todos e cria o vazio absoluto sentiu-se satisfeita e revelou a Oxalá onde encontraria Obá, a filha de Olodumaré que é a dona dos axés concentrador, fixador e condensador.

Um a um, todos os Orixás ali presentes se despediram daquela filha de Olodumaré que gerava o vazio e foram até onde estava Obá: – atrás da Senhora do Vazio!

Sim, é isso mesmo! Obá havia descoberto como atravessar o vazio, ou melhor, como sair dele e contemplá-lo por inteiro.

Quando os Orixás a encontraram, viram nela a seriedade e a majestosidade dos seres que transcendem o vazio existente na morada exterior de Olodumaré.

E todos a aclamaram como a senhora do conhecimento das verdades divinas.

Ali, com ela, todos aprenderam como, ao sair da morada interior de Olodumaré, chegar a outro dos seus mistérios: a sua morada interior tanto está no centro da sua morada exterior como está em toda ela, sem realmente estar nela.

Assim, já dentro desse outro mistério de Olodumaré, cada um dos Orixás ali presentes assentou-se e, já de posse dos axés concentrador, condensador e fixador de Obá, deram início à construção dos mundos estáveis. Só Exu e Pombagira não atravessaram o vazio para chegar até Obá, porque descobriram outro mistério de Olodumaré dentro do vazio e preferiram assentar-se nele, pois o acharam mais vantajoso para cumprir as ordens dadas a eles por Ele.

E assim, desde aquele tempo quando o tempo ainda não existia, Exu e Pombagira realizam suas funções divinas assentados nos domínios de um mistério de Olodumaré que só existe no vazio absoluto.

É a partir desse mistério do vazio que Exu e Pombagira realizam suas funções na criação desde então.

Esse mistério do vazio é tão poderoso (segundo Exu, que isso revelou num momento de indiscrição) que nele cabe tudo o que todos os Orixás conseguem gerar e ainda sobra vazio infinitamente.

Por essa conquista de Exu, ele recebeu dos outros Orixás o título de "a boca insaciável", capaz de devorar tudo e todos, inclusive mundos!

Então Exu e Pombagira, que não compartilharam esse mistério com mais ninguém, exigiram a primazia nos ebós: ou primeiro eles eram oferendados ou devorariam os ebós dados a todos os outros Orixás.

E assim, já desde aquele tempo em que o tempo ainda não existia, nenhum Orixá recebe sua oferenda se antes deles Exu e Pombagira não tiverem sido oferendados.

É certo que, já naquele tempo em que o tempo ainda não existia, as negociações com Exu acerca dessa sua exigência levaram muito tempo.

Mas, no final, todos se sentiam satisfeitos. Exu e Pombagira teriam primazia nas oferendas, mas, após terem sido oferendados, não mais interfeririam no andamento das coisas pertinentes a cada um dos Orixás ali presentes e tudo o que engolissem na ausência deles, quando em suas presenças, a eles tudo devolveriam e nada pediriam em troca.

Alguns dos Orixás ali presentes acham, até hoje, que Exu usou de muita astúcia e esperteza nessa negociação já que, se engoliria tudo, então teria que engolir o que lhe agradava e o que não lhe agradava. E seria só uma questão de tempo para devolver tudo. Outros, até hoje, ainda acreditam que foi uma ótima negociação, pois a tudo Exu engoliria de qualquer forma, já que sua boca era (e ainda é) insaciável. Então, o melhor era ele ser obrigado a devolver-lhes o que lhes era pertinente assim que lhe fosse solicitado.

As negociações envolveram muitas coisas, e uma delas implica Exu e Pombagira devolverem aos seres tudo o que lhes tiverem tirado se forem devidamente oferendados.

Não vamos relatar aqui tudo o que foi acertado naquela árdua e demorada negociação, pois foram tantos acordos que é melhor deixá-los para outra lenda, já que esta é a de Obá, que arrancou de Exu a maior das concessões possíveis:

– Exu e Pombagira, após serem oferendados, posicionariam-se à esquerda de todos os Orixás e nunca mais passariam ou dançariam na frente ou à volta deles.

Mas Exu só aceitou tal exigência de Obá porque ela lhe revelou que conhecia como entrar no mistério possuído por ele sem sair daquele onde ela havia se assentado após atravessar o vazio absoluto.

Isso enfureceu Exu, mas ele acabou concordando desde que ela não revelasse tal coisa a nenhum outro Orixá.

Ela concordou com essa exigência e não a revelou a nenhum dos Orixás ali presentes, mas, no decorrer dos tempos, quando o tempo começou a existir, ela revelou a outros seres que não os Orixás como entrar no mistério do vazio possuído por Exu e por Pombagira. E, a partir dessa inconfidência (ou revelação) de Obá a outros seres, por intermédio desses os Orixás ficaram sabendo como entrar no poderoso mistério do vazio absoluto possuído integralmente por Exu e retirar do domínio dele somente o que lhes é pertinente ou lhes agrada, sem terem de receber de volta o que não lhes é pertinente ou lhes desagrada.

Exu, sempre que Obá sai do seu domínio e incorpora em suas filhas para dançar entre os humanos e receber homenagens e oferendas, cobra dela a por sua inconfidência. E ela, para não ouvir as reclamações dele, tapa com a mão o ouvido esquerdo.

É por isso que ela, ao dançar incorporada em suas filhas humanas, leva a mão esquerda ao ouvido esquerdo e o mantém tapado só para não ouvir as reclamações de Exu!

Consagrações na Irradiação de Obá

Obá é um Orixá feminino pouco conhecido dos umbandistas e só algumas pessoas realizam culto a ela ou recorrem ao seu magnífico poder divino. Mesmo nos tradicionais Candomblés, seu culto é restrito aos seus filhos e filhas, pois poucos conhecimentos ainda restam sobre ela.

Imaginem assim: se só os babalorixás e yalorixás mais velhos e versados nos fundamentos dos Orixás ainda conservam conhecimentos indispensáveis à "feitura de cabeça" para Obá, então para os umbandistas é mais difícil ainda saber algo sobre essa mãe Orixá, não?

– Certo... e errado, respondemos nós!

a) certo porque seu culto, liturgia, oferendas e assentamentos tradicionais só uns poucos ainda conservam e praticam.

b) errado porque toda divindade pode ter seu culto renovado e readaptado no tempo e no espaço, dependendo unicamente da existência das nossas necessidades e da nossa vontade.

Toda divindade, por ser um mistério em si mesma, pode ser remodelada no tempo e ocupar novos espaços na mente e na consciência das pessoas.

O que existe de informações acerca de Obá é tão pouco que se limita às suas lendas, às suas oferendas e a uns poucos pontos cantados.

Até na Nigéria seu culto reduziu-se muito no século passado por causa da expansão de outras religiões entre os nigerianos.

Mas um poder divino nunca deixará de sê-lo e, se evocado corretamente, sempre responderá aos seus adeptos, seguidores e cultuadores.

Na Umbanda, o que sabem sobre Obá limita-se a isto:

– Que ela foi uma das esposas do rei Xangô que, induzida por Oxum, cortou uma das suas orelhas para servi-la em um prato feito para ele com o intuito de reconquistar o seu amor.

Dizem que ela, ao manifestar-se, cobre o ouvido esquerdo para não verem que lhe falta a orelha.

Essa lenda, muito difundida no passado, não ajudou em nada o culto a Obá.

Mas você, médium umbandista, deve saber que esse Orixá feminino ocupa um dos polos regentes de uma das sete linhas de Umbanda (a terceira linha, do conhecimento) e é tão importante e tão realizadora quanto todos os outros Orixás amplamente cultuados na Umbanda.

– O que você sabe sobre Obá, irmão umbandista?

– Nada, não é mesmo?

Saibam que Obá forma um par elemental (no elemento terra) com Omolu. Só que nesse elemento, o magnetismo dele rarefaz essa energia na forma de pó e o dela a concentra na forma de terra.

A vibração dele resseca e a dela condensa.

Omolu só se concentra, condensa e fixa por meio da água e por isso tem em Iemanjá (a água) seu par elemental complementar.

Já Obá, por ser concentradora, condensadora e fixadora, precisa de meios estáveis, fixos e altamente concentradores para fazer fluir seus axés.

Os vegetais são os mais poderosos acumuladores dos axés de Obá e o Orixá que faz par energético com ela é Oxóssi, cujo axé também se acumula neles, já que ambos geram o fator expansor.

O campo ideal para oferendar e consagrar um objeto na irradiação de Obá e à beira de algum lago ou rio cercado de farta vegetação (árvores).

É preciso encontrar um local ideal e nele farão todas as suas consagrações.

As consagrações na irradiação de Obá são nesta ordem:

1ª Consagração: no mistério expansor da criação.

2ª Consagração: no mistério concentrador da criação.

3ª Consagração: no mistério fixador da criação.

4ª Consagração: no mistério condensador da criação.

5ª Consagração: no mistério delineador da criação.

6ª Consagração: no mistério idealizador da criação.

7ª Consagração: no mistério racionalizador da criação.

Sete fatores, sete funções, sete campos do nosso raciocínio.

O axé de Obá, junto como o de Oxóssi, seu par complementar, rege todo o sentido do conhecimento e é o responsável pela evolução científica que impulsiona os seres sempre à frente. É por isso que ela se oculta atrás do vazio a ser preenchido, ali está obá atuando no sentido de preenchê-lo e evoluir.

Obá atua nos seres a partir das nossas faculdades mentais, que denominamos por "racionais".

Sua afinidade com Xangô tem a ver com o fato de ele também atuar pela razão.

Oração consagratória a Obá:

– Obá, mãe divina e senhora da ciência, nós lhe clamamos em nome do nosso Divino Criador Olodumaré que acolha esse nosso pedido e consagre esse nosso (citar o nome dos objetos) na sua irradiação divina, imantando-o(s) com a vibração do seu mistério expansor da criação.
Amém!
A cada evocação, muda-se o nome do mistério.

Para se entrar nos domínios de Obá, no seu centro-neutro consagratório, deve-se proceder desta forma:
a) Escolher o local onde abrirá o círculo consagratório.
b) Ajoelhar-se, bater palmas (3x3), pedir-lhe licença para avançar e adentrar em seu centro-neutro.
c) Sem parar de andar para a frente a e para trás, você deve, começando o avanço com o pé direito e o recuo para trás com o pé esquerdo, dar sete passos à frente e sete para trás.

– Quando avançar para a frente, curve-se levemente e, com as mãos em concha e os braços estendidos para a sua direita, vá dizendo estas palavras: "Akirô Obá, eu saúdo a sua esquerda, minha mãe"!

– Quando recuar para trás, curve-se levemente e, com as mãos em concha e os braços estendidos para a sua esquerda, vá dizendo estas palavras: "Akirô Obá, eu saúdo a sua direita, minha mãe"!

Obs.: Assim que você der o sétimo passo à frente, com o pé direito, ajoelhe-se rápido, toque o solo com a testa e diga esta saudação: "Akirô Obá yê". Em seguida, rapidamente, levante-se e dê sete passos com o pé esquerdo para trás, e quando der o sétimo passo, ajoelhe-se e mais uma vez, bata palmas (3x3), peça licença e avance sete passos com o pé direito.

Você avança e recua três vezes. No quarto avanço, você não recua mais. Após curvar-se e saudá-la com a testa encostada no solo, fique de joelhos, bata palmas (3x3) e peça-lhe licença para ali abrir um círculo consagratório na irradiação dela.

Mantenha-se daí em diante em silêncio e concentração, só falando o indispensável e só se movimentando para realizar a sua consagração.

Aproveite o tempo de espera após a evocação consagratória para, ajoelhado e concentrado, pedir-lhe sua bênção e para fazer diante dela, a Senhora do Conhecimento, um minucioso exame de consciência e solicitar-lhe o seu auxílio divino para uma depuração dos conceitos errôneos e para a assimilação de conceitos verdadeiros e evolucionistas.

Para sair, proceda em sentido contrário.

Apresentação dos objetos na irradiação de Obá

1º) De frente para o círculo consagratório, vire-se para a sua direita e avance sete passos, ajoelhe-se e, elevando o objeto até a altura da cabeça, diga estas palavras: "Apresento à esquerda de minha mãe Obá o meu (..........), que irei consagrar (ou já consagrei) na sua irradiação divina".
A seguir, recue sete passos, volte a ficar de frente para o círculo.

b) Vire-se para a sua esquerda, avance sete passos, ajoelhe-se e, elevando-o até a altura da cabeça, diga estas palavras: "Apresento à direita de minha mãe Obá o meu (..........), que irei consagrar (ou já consagrei) na sua irradiação divina". A seguir recue sete passos, volte a ficar de frente para o círculo.

c) Eleve o objeto com as duas mãos acima da cabeça e diga estas palavras: "Apresento ao acima de minha mãe Obá o meu (..........), que irei consagrar (ou já consagrei) na sua irradiação divina".

d) A seguir, com o objeto seguro com as duas mãos, curve-se e encoste-o no solo e diga estas palavras: "Apresento ao embaixo de minha mãe Obá o meu (..........), que vou consagrar (ou já consagrei) na sua irradiação divina".

e) A seguir, com o objeto seguro com as duas mãos à frente e na altura da cintura, gire (ande) em volta do círculo, em sentido anti-horário dizendo estas palavras: "Apresento ao em volta à esquerda de minha mãe Obá o meu (..........), que consagrarei (ou já consagrei) na sua irradiação divina".

E, assim que chegar ao ponto onde iniciou o giro anti-horário, encoste o objeto no solo, torne a elevá-lo até a altura da cintura e ande uma volta em sentido horário, dizendo estas palavras: "Apresento ao em volta à direita de minha mãe Obá o objeto(s) que consagrarei (ou já consagrei) na sua irradiação divina".

Agora, você já sabe o campo onde fará as sete consagrações; como entrar e como sair, pois para sair procederá em sentido inverso e recuará quatro vezes e avançará só três. E, no quarto recuo, encostará a testa no solo, agradecerá e irá embora, ou seja, procederá de forma inversa à de entrar no centro-neutro dela.

Agora que já sabe sua oração consagratória, como entrar e como apresentar seu objeto(s) a ser consagrado, faça-o corretamente e será surpreendido pelo poder de realização que ele terá.

Agora, vamos às sete consagrações na irradiação da mãe do conhecimento da Umbanda!

1ª Consagração: na irradiação expansora de Obá

a) Chegando ao local indicado, deixe suas coisas no solo; entre conforme foi indicado; abra um círculo consagratório firmando sete velas vermelhas acesas em círculo.

b) Cubra o círculo com folhas de pitangueira e depois derrame um pouco de água sobre elas.

c) Apresente o seu objeto conforme foi ensinado; banhe-o com água colhida da lagoa ou do rio onde você está o consagrando (sempre usará água colhida no local onde irá consagrá-lo, certo?); coloque-o dentro do círculo consagratório; aguarde de 15 a 20 minutos; retire-o e torne a apresentá-lo; envolva-o em um tecido de cor magenta (*pink*), retire-se, conforme foi ensinado, e só volte a descobri-lo na sua segunda consagração.

2ª Consagração: na irradiação concentradora de Obá

a) Dirija-se ao local indicado; entre nele conforme foi ensinado; abra um círculo consagratório firmando sete velas vermelhas e sete velas azul-escuras, intercaladas; cubra o círculo com folhas de eucalipto, regue-as com água do rio.

b) Apresente o(s) objeto(s) banhe-o com água do rio; coloque-o dentro do círculo; faça a oração consagratória; aguarde de 15 a 20 minutos; retire-o e reapresente-o; envolva-o no tecido magenta; agradeça e retire-se, conforme foi ensinado, só voltando a descobri-lo na sua terceira consagração.

3ª Consagração: na irradiação fixadora de Obá

a) Vá até o local indicado, entre nele como foi ensinado, abra um círculo consagratório firmando sete velas vermelhas e sete velas roxas, intercaladas uma a uma; cubra o círculo, primeiro com folhas de crisântemo roxo e depois com as suas pétalas, espalhadas por cima das folhas; regue-as com água do rio.

b) Apresente o objeto; banhe-o na água do rio (ou lagoa); coloque-o dentro do círculo; faça a oração consagratória; aguarde de 15 a 20 minutos; retire-o do círculo; reapresente-o; envolva-o no tecido magenta; retire-se e só volte a descobri-lo na sua quarta consagração.

4º Consagração: na irradiação condensadora de Obá

a) Dirija-se ao local indicado; entre nele como foi ensinado; abra um círculo consagratório, formando sete velas vermelhas e sete velas laranjas, intercaladas uma a uma; cubra o círculo com pó de pemba vermelha e depois espalhe, por cima do pó, pétalas de flores vermelhas; regue o círculo com água do rio.

b) Apresente o objeto; banhe-o no rio; coloque-o dentro do círculo; faça a oração consagratória; aguarde de 15 a 20 minutos; retire-o e reapresente-o; envolva-o no tecido magenta; retire-se e só volte a descobri-lo na sua quinta consagração.

5ª Consagração: na irradiação delineadora de Obá

a) Vá até o local indicado; entre como foi ensinado; abra um círculo com sete velas vermelhas e coloque entre elas sete outras velas nessas cores: rosa, amarela, lilás, azul-clara, azul-escura, laranja e marrom; cubra o círculo com folhas de roseira ou de maracujazeiro; depois, espalhe sobre as folhas pétalas de rosas ou de outras flores cor-de-rosa; regue-as com água do rio ou lagoa.

b) Apresente o seu objeto; banhe-o na água do rio; coloque-o no círculo; faça a oração consagratória; aguarde de 15 a 20 minutos; retire-o; reapresente-o; envolva-o no tecido de cor magenta; retire-se, como foi ensinado, e só volte a descobri-lo na sua sexta consagração.

6ª Consagração: na irradiação idealizadora de Obá

a) Dirija-se ao local indicado; abra um círculo com sete velas vermelhas e sete velas brancas, intercaladas uma a uma; cubra o círculo com folhas de malva ou louro; espalhe por cima das folhas flores brancas e trigo (farinha ou grãos); regue o círculo com água do rio.

b) Apresente o seu objeto; banhe-o no rio; coloque-o no círculo; faça a oração consagratória; aguarde de 15 a 20 minutos; retire-o; reapresente-o; envolva-o no tecido magenta e retire-se, conforme foi ensinado, só voltando a descobri-lo na sua sétima consagração.

7ª Consagração: na irradiação racionalizadora de Obá

a) Dirija-se ao local indicado; entre nele conforme foi ensinado; abra um círculo consagratório firmando sete velas vermelhas e sete velas verdes, intercaladas uma a uma; cubra-o com folhas de samambaia; espalhe por cima delas flores e sementes variadas; regue-as com água do rio.

b) Apresente o seu objeto; banhe-o no rio ou lagoa; coloque-o no círculo; faça a oração consagratória; aguarde de 15 a 20 minutos; retire-o; reapresente-o; envolva-o no tecido magenta; retire-se, conforme foi ensinado, e só volte a descobri-lo no dia seguinte.

O seu objeto estará consagrado e pronto para ser usado com todo um poder de realização que só a Orixá Obá pode conceder.

Consagrações na Irradiação de Oroiná

– Quem é Oroiná? – perguntam todos os umbandistas que ainda não leram em nossos livros a sua descrição e o seu campo de atuação na criação.

Saibam que o nome de Oroiná aqui usado por nós é uma apropriação autorizada por essa Iansã que, na não existência de um nome para a mãe Orixá do fogo e que faz um par elemental puro com o Orixá Xangô, autorizou-nos a usar o seu nome para designar essa mãe divina responsável pela aplicação da Justiça Divina na vida dos seres e na criação.

Então, que fique claro que o nome Oroiná está referindo-se a um Orixá responsável pela geração da parte feminina positiva do fator equilibrador da criação e dos seres.

O fator equilibrador é ígneo e tem ela e Xangô como seus geradores no mundo manifestado ou na morada exterior do nosso Divino Criador Olodumaré.

Não importa para nós, os responsáveis por essa psicografia ordenadora dos conhecimentos fundamentais umbandistas, se seguidores de outros cultos afro-brasileiros não concordam com essa apropriação.

Se aceitam ou não, não é problema nosso e sim deles, pois a divindade Orixá Iansã e a sua manifestadora Iansã Oroiná concordam e querem que assim seja... e assim será, para todos os umbandistas que adotarem nossos livros fundamentadores dessa magnífica religião.

Saibam, vocês, irmãos umbandistas, que a Iansã Oroiná é pouco cultuada nos cultos tradicionais por duas razões:

1ª– Restam poucas filhas suas ainda encarnadas;

2ª– Seu culto é raro, pois poucos ainda sabem como assentá-la e "tratá-la" segundo a antiga tradição. E, se não for assentada e tratada corretamente, volta-se contra quem a assentou e a tratou erroneamente.

Por ser uma Iansã "justiceira", ela não admite que sacerdotes despreparados ou desconhecedores dos seus fundamentos sagrados lidem incorretamente com seus mistérios.

Vários sacerdotes assim, mesmo tendo sido "feitos" corretamente em outros Orixás nos cultos afros, ao assentarem-na e ao tratarem-na incorretamente, ressentiram-se da poderosa reatividade dela sobre eles e muitos, mais adiante, recolheram-se.

Conta uma lenda que essa Iansã, a Oroiná, é a mais rigorosa, mais até que Obá, com os desconhecedores dos seus verdadeiros fundamentos e tratamentos.

Essa Iansã, a Oroiná, só admite receber suas comidas das mãos de uma menina de menos de 11 anos e ainda virgem.

Ela não admite que yalorixás ou babalorixás dancem na sua frente pois são Eguns encarnados e devem curvar-se à sua passagem ou dançar atrás dela a dança dos Eguns.

Em suas comidas é preciso misturar pétalas de rosas vermelhas picadas em tiras bem fininhas, pois são as únicas flores que condensam integralmente o fator ígneo; nenhuma outra flor, fruto, semente, folha ou raiz consegue tal coisa.

Ela, quando incorpora (de verdade), ao girar incendeia o éter à sua volta. E passa a absorver fogo pelas suas vestes, mãos e boca.

Onde ela pisar, o solo etéreo fica preto como se tivesse sido queimado, e o seu hálito, ao ser expelido, incendeia-se.

Essa, sim, é a Iansã Oroiná, a condutora dos Eguns mais temida, pois é a Guardiã Celestial do Fogo Cósmico devorador, gerado pela divina mãe, Orixá geradora da parte feminina do fator ígneo.

Como a senhora do axé feminino do fogo não foi "humanizada" e sim a sua Guardiã Cósmica, cujo nome é Oroiná, então esta cedeu o uso do seu nome pois o dessa "mãe original" do fogo está entre os dos Orixás não revelados. O seu nome não pode ser pronunciado e assim tem sido desde o início do mundo, quando o tempo ainda não existia, e será por todo o sempre.

A Orixá Oroiná, guardiã dos mistérios do fogo cósmico não só autorizou-nos a usarmos o seu nome para designarmos essa "Mãe do Fogo Divino" como se sente honrada em cedê-lo para que ela possa ser cultuada de forma aberta na Umbanda, na qual está ajudando a todos os que se voltam para ela e clamam pelo seu auxílio divino, caloroso e abrasador, pois confiam na seriedade com que lidamos e descrevemos os mistérios Orixás e os seus fundamentos divinos.

E ela, a Iansã Oroiná, não tem deixado de punir todas as pessoas que, por discordarem com essa nossa apropriação autorizada do seu nome ou por não concordarem com o que escrevemos sobre essa divina mãe Orixá do fogo, têm feito magias e mais magias negras para destruir essa nossa obra fundamentadora da religião umbandista.

Pior para quem assim tem agido será após desencarnar, pois ninguém tem o direito de combater uma semeadura de fundamento divino com a magia negra, justamente um dos campos de ação da Iansã Oroiná, que, junto com Ogum Megê, é refreadora dessas magias condenadas pela Lei Maior.

Oroiná os estará esperando no outro lado da vida, isto é certo!

Quanto a nós, vamos continuar a fazer, com a consciência tranquila e com todo o amparo dos sagrados Orixás, o que nos ordenaram: – fundamentem no plano material o culto dos Orixás na Umbanda Sagrada!

E este livro é fundamentação do começo ao fim. Mas é fundamentação umbandista e para os umbandistas.

Então, após essas explicações, que, esperamos, calem a boca dos nossos detratores e dos que nos combatem com a magia negra, vamos comentar um pouco sobre essa mãe Orixá geradora da parte feminina do fator ígneo, gerador do axé equilibrador, e vamos chamá-la de Oroiná, a Mãe Geradora do Fogo Cósmico!

Bem, o fato é que a Orixá Oroiná gera em si o axé feminino do fogo e atua como equilibradora da criação e dos seres, e sua função no mundo manifestado é aplicar a Justiça Divina com rigor.

Ela é rigorosa mas também é extremamente justa, amorosa e protetora. E todos os que usarem um objeto consagrado na sua irradiação divina receberão essa proteção com toda certeza

1º– Suas consagrações têm de ser feitas no "calor do fogo".

2º– O local mais indicado para a primeira consagração é uma pedreira e a segunda deve ser em campo aberto.

3º– Não se usa vela e sim sete alguidares médios com um quarto de litro de álcool dentro de cada um, formando um círculo, ou se faz uma fogueira e colocam-se os objetos à volta dela.

4º– O tempo de exposição ao calor do fogo nas consagrações é de 15 minutos.

5º– Assim que forem retirados, devem ser envoltos em um tecido alaranjado para poder ser reapresentados.

Jamais reapresente-o sem que ele esteja envolto com um tecido de cor laranja porque ele estará muito irradiante e envolto em labaredas que se espalharão à volta.

As consagrações na irradiação de Oroiná são só duas:

1ª Consagração: na irradiação do fogo vivo.

2ª Consagração: na irradiação do ar vivo.

– Na irradiação do fogo vivo, seus objetos adquirem a qualidade ígnea.

– Na irradiação do ar vivo, seus objetos adquirem o meio pelo qual o seu fogo flui com mais intensidade.

As orações consagratórias de Oroiná

Oração da primeira consagração:
– Minha mãe Oroiná, em nome do nosso Divino Criador Olodumaré, eu clamo à senhora que aceite como meio de fixação do seu fogo vivo este (citar o nome do objeto) e imante-o com sua vibração ígnea e divina, dotando-o com seu axé purificador, consumidor, devorador, graduador, energizador, transformador e equilibrador da criação, das criaturas, dos seres e das espécies.
Amém!
Oração da segunda consagração:
– Minha mãe Oroiná, em nome do nosso Divino Criador Olodumaré, eu clamo nesse momento que o ar vivo se concentre à volta deste meu (citar o nome do objeto) e torne-se o veículo para que, por meio dele, seu fogo vivo chegue à água, à terra, ao cristal, ao mineral, ao vegetal e ao Tempo, purificando, consumindo, devorando, graduando, energizando, transformando e equilibrando tudo e todos à volta dele.
Amém!
Após escolher o local ideal para consagrar seus objetos, você deve saber como avançar e chegar até o centro-neutro, onde captará a vibração, a imantação e a irradiação puras do fogo vivo de Oroiná.

Como entrar no campo vibratório de Oroiná

1º) Ajoelhe-se, toque o solo com a testa e espalme as duas mãos para cima, mantendo as costas delas encostadas no solo ao lado da sua cabeça.

2º) Após se posicionar, peça-lhe licença para avançar até o seu centro-neutro ou consagrador.

3º) Levante-se, meio curvado para a frente, bata palmas só três vezes para, em seguida, dar um passo curto, com o pé esquerdo, e outro longo, com o pé direito. Então, pare e bata três palmas outra vez, vire-se para a esquerda e bata mais três palmas; vire-se de costas para o local escolhido e bata mais três palmas; vire-se mais uma vez e bata mais três palmas, para então voltar a ficar de frente para o local escolhido.

Na verdade você, girando para a esquerda, baterá três palmas para o norte, que é onde está o local escolhido, baterá três palmas para o oeste, três palmas para o sul e três palmas para o leste, quando então baterá três palmas para o norte novamente e voltará a ficar de frente para o norte. Então, girando à direita, baterá novamente palmas para o leste, o sul, o oeste e o norte, para então dar mais um passo curto com o pé esquerdo e outro longo com o pé direito, ajoelhando-se e saudando-a para, após isso, repetir um giro à esquerda e outro à direita, batendo palmas nos pontos cardeais.

Você gira à esquerda (e à direita) após um passo curto com o pé esquerdo e outro longo, com o pé direito, parando em cada um dos pontos cardeais.

Esses dois passos e os giros devem ser repetidos três vezes e você terá dado seis passos curtos, com o pé esquerdo, e seis passos longos com o pé direito, e saudado 12 vezes cada um dos quatro pontos cardeais aqui indicados (N-O-S-L) (N-L-S-O).

Assim que der esses passos e fizer essas saudações, você entrará no centro-neutro consagratório de Oroiná e deverá ajoelhar-se, encostar a testa no solo e saudá-la, pedindo-lhe licença para, dali em diante, movimentar-se livremente até se retirar, e para lhe solicitar que consagre seus(s) objetos(s).

Para se retirar, você deverá proceder da mesma forma, mas dando os mesmos passos para trás e batendo três palmas para os quatro pontos cardeais. Apenas inverta a ordem dos giros, pois, na saída, gira-se primeiro à direita e depois à esquerda.

Agora você já sabe onde consagrar; sabe as duas orações consagratórias e sabe como entrar e sair. Vamos à forma de apresentação:

1º) Apresente os seus objetos ao alto, elevando-os acima da cabeça.

2º) Apresente-os ao embaixo, curvando-se e, segurando-os com as duas mãos, encoste-os no solo.

3º) Apresente-os ao à frente (estando de frente para o círculo consagratório). Depois, vire-se de costas para o círculo e apresente-os para o atrás.

4º) Vire-se para a sua direita e apresente-os à direita, sempre segurando os seus objetos com as duas mãos. Depois, volte a ficar de frente para o círculo e vire-se para a esquerda.

Muito bem, agora você tem todas as informações para consagrar seus objetos na irradiação do Orixá feminino gerador do fogo cósmico. Faça bem feito e comprovará o magnífico poder realizador dessa divindade do fogo que, por não ter seu nome revelado, recorremos a um empréstimo autorizado da Iansã Oroiná.

1ª Consagração na irradiação de Oroiná: nas pedreiras

a) Dirija-se ao local ideal para realizá-la; entre no seu centro-consagratório conforme foi ensinado; firme um círculo com sete alguidares médios; derrame dentro de cada um mais ou menos meio litro de álcool; cubra o solo com pó de sementes de urucum (coloral).

b) Apresente o seu objeto; coloque-o dentro do círculo consagratório; espalhe um pouco de pó de urucum sobre ele; acenda o álcool dentro dos alguidares; faça a oração consagratória; aguarde até todo o álcool nos alguidares ser consumido; retire o seu objeto, envolva-o em um tecido de cor alaranjada; reapresente-o; retire-se, conforme foi ensinado, e só volte a descobri-lo na sua segunda consagração.

2ª Consagração na irradiação de Oroiná: no ar

a) Dirija-se ao local ideal para realizá-la; entre no seu centro-consagratório, conforme foi ensinado; firme um círculo com sete alguidares médios; derrame dentro de cada um mais ou menos meio litro de álcool; cubra o solo com pó de pemba vermelha ralada.

b) Apresente o seu objeto; coloque-o dentro do círculo consagratório; espalhe um pouco de pó de pemba vermelha sobre ele; acenda o álcool dentro dos alguidares; faça a oração consagratória; aguarde até todo o álcool nos alguidares ser consumido; retire o seu objeto e envolva-o no tecido alaranjado; reapresente-o; retire-se e só volte a descobri-lo no dia seguinte; banhe-o em água corrente, enxugue-o e pode entroná-lo, assentá-lo ou começar a usá-lo, que ele estará ativo e realizador.

Consagrações na Irradiação de Nanã

Nanã Buruquê, Orixá que simboliza a maturidade, a anciência e a razão, é uma mãe divina, com poucas informações na literatura umbandista. Poucos escreveram algumas coisas sobre ela e seu campo de ação na vida dos seres, das criaturas e na criação.

Ela é muito associada a Oxum por ser oferendada nos lagos ou mangues mas, afora isso, o que mais os umbandistas sabem sobre ela e seu campo de ações e atuações? Muito pouco, não é mesmo?

Então vamos expandir um pouco mais o conhecimento sobre Nanã para que vocês possam recorrer a ela mais vezes e usar em seu benefício os seus divinos poderes.

1º– Nanã é Orixá bielemental (aquática-telúrica), ou seja, seu axé tanto fixa e concentra-se na água quanto na terra.

2º– Na água, fixa-se e flui de forma ativa e, na terra, fixa-se e flui de forma passiva.

3º– Ela é o Orixá feminino cujas características mais assemelham-se com as de Obaluaiê.

4º– Ela forma a irradiação evolucionista com ele, que é uma das sete linhas de Umbanda.

5º– Tal como Obaluaiê, Nanã é curadora e deve ser evocada para curar doenças.

6º– No corpo humano, sua vibração curadora fixa-se na linfa, nos pulmões, no fígado, no pâncreas e no cérebro.

7º– No assentamento de Nanã sempre deve haver um vaso ou jarro bojudo, com o gargalo estreito, (uma moringa) cheio de água e no fundo dele precisa ser colocado um pouco de areia branca colhida do leito de um rio ou lago.

8º– Devem colocar sete folhas de hortelã dentro da moringa sempre que trocar a água dela (a cada 7, 14 ou 21 dias).

9º– A sua moringa deve ser coberta com um pano branco ou florido.

10º– A água da moringa só deve ser jogada fora se for derramada diretamente sobre o solo arenoso (terra) ou deve ser guardada e devolvida a um rio ou lago.

11º– Na Umbanda, quem a manifesta nas linhas de trabalho são as senhoras Pretas-Velhas.

12º– Trabalhos de descarrego na sua força podem ser feitos à volta de moitas de bananeiras, de preferência nas de bananas "nanicas". Também podem ser feitos com uma bacia de água colocada no centro do terreiro, no tempo ou dentro da casa das pessoas. A bacia deve ser circulada com sete velas lilases acesas ou com quatro velas brancas acesas em cruz, e dentro da água da bacia precisa ser colocado um punhado de folhas de hortelã. É um descarrego tão poderoso como o de Obaluaiê, feito com pipocas. Para despachar a água, siga a indicação da 10ª explicação sobre ela.

13º– O melhor banho na força de Nanã deve conter folhas de hortelã e pétalas de crisântemos roxos e uma "colher de café" de açúcar.

14º– Trabalhos feitos com Eguns, com Egungun ou Yamim Oxorongá são cortados colocando-se no tempo uma bacia com água coberta com um pano branco e sobre ele pétalas de crisântemo roxo e pondo-se, por cima e em cruz, duas folhas de bananeira.

Não há trabalhos com Eguns, com Egungun ou Yamins Oxorongás que não sejam cortados na força de Nanã no tempo.

Conta uma lenda que quando o tempo ainda não existia, Olodumaré gerou o Tempo em Nanã, fazendo surgir Logunan, o Orixá feminino que gera em si e de si o fator temporizador (axé do Tempo).

Com isso, Nanã é o único Orixá que tem domínio total sobre o tempo e tanto faz ele girar para a frente, fazendo o ser evoluir, como girar para trás, fazendo o ser regredir.

Conta outra lenda que Oxumaré, ao dançar para Nanã, ganhou dela o seu fator renovador (o seu axé que regenera e renova tudo o que envelheceu), pois enquanto ele dançava sua dança sagrada para ela, ela esqueceu-se um pouco de zelar pelo Tempo para que ele não se alterasse em função da impulsividade de sua filha Logunan e começou a renovar-se e remoçar tanto que chegou um momento que era uma mocinha feliz e encantadora, extasiada com a dança sagrada de Oxumaré, o único Orixá que consegue encantar e descontrair a racionalíssima Nanã Buruquê e que pode dançar na frente dela.

Já a sua filha, Logunan, que gera o axé temporizador, é a única que pode dançar na frente de Oxalá, pois sua dança o encanta de tal forma que ele começa a gerar novas formas durante a dança sagrada dela.

Essa é outra lenda que, segundo o Orixá mais bem informado e o mais indiscreto (Exu), conta que foi durante uma das danças sagradas de Logunan para Oxalá que ele modelou e gerou o seu "estado de espírito" e fez surgir Oxaguiã, o filho do Tempo e das Formas.

Oxaguiã é o resultado de um desejo de Oxalá de poder dançar com Logunan sua agitadíssima dança sagrada.

Como ele carregava todos os modelos dos mundos e não podia acompanhar os passos dela, pensou e modelou Oxaguiã e projetou-o no tempo para que, por intermédio dele, seu "estado de espírito" pudesse dançar com ela.

E até hoje, desde o tempo em que o tempo começou a existir, Oxaguiã é o único Orixá que consegue acompanhar Logunan em sua dança sagrada sem ficar zonzo ou perder o rumo no meio do tempo.

Diz também esse Orixá, muito bem informado, mas muito indiscreto (Exu), que Oxaguiã é o único Orixá que pode entrar e sair do tempo sempre que quiser, assim como é o único que, mesmo que vivesse entrando e saindo dele, jamais se cansaria ou se cansaria de nele entrar e sair, pois é fruto de um desejo de Oxalá de acompanhar Logunan na sua dança sagrada.

Também diz esse Orixá bem informado, mas indiscreto, que Oxaguiã é o único Orixá que Logunan permite que dance tanto na sua frente como às suas costas, local proibido para todos os outros, pois quem dança atrás dela, se não acompanhar seus passos, é absorvido pela parte de trás da concha do tempo que ela carrega, agita e faz vibrar intensamente enquanto dança.

Todos os outros Orixás só dançam na frente de Logunan. Isso, segundo esse Orixá muito bem informado, mas pouco discreto, certo?

Mas tudo isso são lendas que contaremos em outra hora!

O fato concreto é que não se firma ou se assenta Logunan sem uma poronga (cabaça) com água dentro (a moringa vegetal de Nanã) amarrada em um bambu (a cana de Oxaguiã), cujo axé ele concedeu a Iansã quando esta dançou para ele para ensinar-lhe a sua dança sagrada, que também é outra lenda, pois Iansã é a única que consegue fazer com que Oxaguiã deixe o tempo e volte-se para o que existe na Terra.

São tantas lendas!

Bem, o fato é que, na Umbanda, pouco se sabe sobre Nanã Baruquê. Mas o que todos devem conhecer é que é uma mãe Orixá amorosa, paciente, compreensiva e poderosa, pois tem poder sobre o tempo e, se a explicássemos, por meio das suas lendas, diríamos que o Divino Criador Olodumaré gerou o tempo na concha da vida dela e fez surgir Logunan, filha do Senhor do Tempo e da Senhora das Eras (Nanã).

Nanã representa as eras e não se adentra o seu centro-consagratório se não for curvado mantendo assim enquanto durar suas três consagrações:

1ª– No tempo: pois não se consagra nada a Nanã Buruquê se primeiro não consagrará-la no tempo.
2ª– Na água: pois a água doce (rios caudalosos e lagos) é onde mais se concentram seus axés.
3ª– Na terra úmida: pois é seu axé umidificador que dá à terra a capacidade de tornar-se fértil.

Diz outra lenda, também contada por Exu, esse Orixá bem informado, mas muito indiscreto, que, quando da partida dos Orixás femininos para a morada exterior de Olodumaré, este presenteou cada uma delas com uma concha da vida, com a qual gerariam os meios para os seres espirituais viverem. Só que essa é outra lenda, certo?

Mas, se dentro da morada interior de Olodumaré se mostravam úmidas e férteis, assim que saíram perceberam que suas conchas da vida se ressecaram totalmente e tornaram-se estéreis, não gerando nada mais além de secura e esterilidade.

Com exceção de Nanã, cuja concha da vida continuava úmida e fértil.

E todas as outras mães Orixás exteriorizadas, sem poderem gerar nada apesar de possuírem poderosos axés criadores, voltaram-se para ela e quiseram saber qual era o mistério que fazia com que sua concha da vida se mantivesse úmida e fértil tornando-se ainda mais exuberante e poderosa quando saiu da morada interior e entrou na morada exterior de Olodumaré.

Então, ao saberem que era por causa do seu axé umidificador, todas, aflitas por ver suas conchas secas e estéreis, clamaram a Nanã que partilhasse com elas esse seu axé, indispensável à realização de suas funções na morada exterior de Olodumaré.

Nanã explicou-lhes que sua concha tinha na parte de trás uma moringa cheia de água que gerava seu axé umidificador, que se parecia com a água gerada por Iemanjá, mas que era limbosa, igual ao sumo do tronco das bananeiras, então só existentes na morada interior de Olodumaré. E que mantinha sua concha úmida, fértil, exuberante e tão atraente que todos os Orixás masculinos estavam recorrendo a ela para gerar suas criações que concretizariam a morada exterior de Olodumaré, tornando-a habitável pelos seres espirituais.

Bom, conta a lenda que Nanã só concordou em compartilhar o mistério de sua moringa com as outras mães Orixás depois que elas aceitaram partilhar todos os seus axés com ela, tornando-se assim a única Orixá feminina que possui em si axés de todas as outras mães Orixás geradoras das coisas existentes na morada exterior de Olodumaré.

Essa lenda conta ainda que assim que elas viram como ficaram úmidas, férteis e exuberantes as suas conchas da vida, ficaram tão felizes que concederam a Nanã o título de "senhora regente do mistério do axé das conchas da vida".

Mas, segundo outra lenda, também contada por esse Orixá muito bem informado, mas indiscreto, se as conchas da vida delas estavam úmidas, atraentes, férteis, exuberantes e encantadoras porque haviam acoplado à parte de trás delas moringas geradoras do fator umidificador, no entanto, porque haviam secado, já não se abriam e fechavam como antes, pois haviam perdido a elasticidade de outrora.

E foi uma encrenca e tanto conseguirem de Pombagira o fator elasticizador que as tornaria elásticas, abrindo-se e fechando-se sem se desgastar ou se deformar.

As negociações foram longas e árduas, mas, no final, tudo deu certo, e suas conchas só se abriam para absorver os axés criadores dos Orixás masculinos, fechando-se logo em seguida para só tornar a se abrir quando já haviam gerado integralmente as coisas que ocupariam o vazio à volta da morada interior de Olodumaré, para que pudessem pôr para fora o que haviam gerado.

Diz essa lenda que Pombagira só consentiu em compartilhar seu axé elasticizador quando Oxalá sugeriu-lhe modelar na sua concha da vida os modelos de todas as outras conchas exteriorizadas quando da saída dos Orixás para o vazio então existente à volta da morada interior de Olodumaré.

Com isso conseguido, Pombagira é a única que possui uma concha da vida que tem todas as outras embutidas em seu bojo e também é a única que pode ser aberta com qualquer tipo de chave abridora de conchas, pois todas as chaves existentes na morada exterior de Olodumaré lhe servem.

Se essa posse de todas as conchas proporcionou a Pombagira um imenso poder de gerar, também a tornou escrava de sua concha, que pode ser aberta por todas as chaves exteriorizadas por Olodumaré, chaves estas dadas a todos os seres machos que Ele gera e exterioriza. E todos, quando não encontram a sua concha correspondente para derramar no interior dela seu axé, logo vão até Pombagira, introduzem sua chave e derramam dentro dela seu axé gerador.

Conta a lenda que a concha de Pombagira só não se tornou um caos gerador porque ela, além de gerar em sua concha o fator elasticizador, também gera o fator esterilizador, que a torna estéril e incapaz de gerar algo além do fator excitador.

Mas aí já é outra lenda, que também revela qual é o único Orixá que gera o fator vitalizador, o único que dá vida e geratividade à exuberante, atraente, fascinadora, excitadora, elástica mas estéril concha da vida de Pombagira.

Enfim, são tantas lendas ainda não contadas desde que Olodumaré enviou seus filhos e filhas Orixás à sua morada exterior, que é melhor voltarmos às consagrações de Nanã, não é mesmo?

Então, já sabem que na irradiação de Nanã tem de consagrar seus objetos três vezes:

1º – No Tempo;
2º – Na água;
3º – Na terra.

Forma de entrar no centro consagrador de Nanã Buruquê

1º) Escolhido o local, você deve curvar-se, cruzar o solo à frente e depois tocá-lo com a testa, pedindo-lhe licença para caminhar até seu centro-neutro.

2º) Deve levantar-se mas manter curvado e com as mãos unidas em concha, indo, abrindo e fechando a parte de cima dela, pois a concha da vida de Nanã é a única que fica abrindo e fechando o tempo todo.

3º) Após dar quatro passos com o pé direito ajoelhe-se sem descolar a parte de baixo de suas mãos; cruze o solo com as mãos unidas; encoste a testa no solo, tendo as mãos unidas encostadas no solo adiante da cabeça.

A seguir, ainda com a testa encostada no solo, afaste as partes de cima das mãos sete vezes, como se abrisse e fechasse uma concha. E, após abrir e fechar sete vezes a parte de cima das mãos, deve abrir e fechar outras sete vezes a parte de baixo das mãos encostada no solo.

E sempre pedindo-lhe que abra para vocês o seu centro-neutro consagrador.

4º) Após isso, dê mais quatro passos à frente com o pé direito, repita tudo o que fez no procedimento anterior e dê mais um passo quando, aí sim, baterá palmas (3x3), pedirá sua licença para abrir seu círculo consagratório e para poder movimentar-se livremente até fazer a oração consagratória.

Até então, deve manter-se curvado. Mas daí em diante poderá levantar-se e movimentar-se livremente.

Na primeira consagração, posicione-se desta forma: – fique de lado em relação ao rio ou à lagoa, de tal modo que a água ficará à sua direita e a terra (o campo em frente do rio ou da lagoa), à sua esquerda.

Na segunda consagração, posicione-se de frente para o rio ou para a lagoa. Na terceira consagração, saúde o tempo acima de você estando levemente curvado e com as mãos unidas em concha; depois saúde a água, estando ajoelhado de frente para o rio ou a lagoa, pedindo a Nanã licença para voltar-se para a terra e nela realizar a sua terceira consagração.

Só após esse pedido de licença dará as costas à água (rio ou lagoa) e entrará conforme foi ensinado no seu centro consagratório telúrico.

O local usado para as três consagrações pode ser o mesmo, mas devem passar no mínimo sete dias entre uma e outra consagração.

Oração consagratória a Nanã Buruquê

– Nanã Buruquê, *saluba* minha mãe geradora das eras!
Eu clamo à senhora em nome do nosso Divino Criador Olodumaré que consagre esse(s) meu(s) objeto(s) (citar o nome do seu objeto) no seu mistério divisor do tempo, imantando-o(s) com sua vibração divina na sua irradiação formadora das eras.
Saluba, Nanã Buruquê!

Apresentação do(s) objetos(s) a ser consagrado(s) ou já consagrado(s) na irradiação de Nanã

a) Pegue-o(s) e segure-o(s) com as duas mãos em concha.

b) Eleve-o acima da cabeça e segure-o bem em cima dela e gire uma volta em sentido horário e outra em sentido anti-horário, apresentando-o ao Tempo, dizendo estas palavras em cada um dos giros: "Tempo, Tempo, Tempo! Eu lhe apresento e às suas forças e poderes este meu objeto que vou consagrar na irradiação divina de minha mãe Nanã Buruquê".

Salve o Tempo! *Saluba* Nanã!

c) A seguir, curve bem o seu corpo, segurando o objeto à frente de sua cabeça e, estando de frente para o círculo, apresente-o às forças e aos poderes do alto; depois, vire-se de costas para o círculo e apresente-o para o embaixo; depois, vire-se para a sua direita e apresente-o para as forças e os poderes da direita; depois, vire-se para a sua esquerda e apresente-o às forças e aos poderes à esquerda; depois, coloque-o entre os pés e apresente-o às forças e aos poderes do embaixo; depois, já de frente outra vez para o círculo consagratório e segurando o seu objeto sobre as mãos em concha, caminhe uma volta em sentido horário e outra em sentido anti-horário, apresentando-o ao em volta à esquerda e à direita de Nanã Buruquê.

A primeira consagração é na sua irradiação imantadora do axé divisor do tempo e formador das eras.

A segunda consagração é na sua irradiação imantadora do axé umidificador.

A terceira consagração é na sua irradiação do axé delimitador dos espaços.

Nanã gera muitos outros axés, mas esses três (o divisor, o umidificador e o delimitador) são suficientes para que você, irmão umbandista, entenda a importância dela na criação e do seu culto entre nós.

Nanã é o Orixá responsável por dividir a criação em faixas vibratórias e por delimitar dentro delas as dimensões, os reinos e os domínios de tudo e de todos, inclusive dos campos de ação dos outros Orixás.

É certo que disso, nem o mais velho e o mais sábio dos iniciados sabia. Mas, que continuem sem saber pois aqui só estamos revelando essas coisas fundamentais para que vocês se instruam um pouco mais nos assuntos dos Orixás e conheçam alguns dos fundamentos divinos da sua religião, que tem nessa amorosa e justiceira mãe uma fonte inesgotável de auxílio aos seus trabalhos e à sua evolução.

Então, até aqui já vimos onde fazer suas consagrações, como fazê-las, quais devem ser feitas, como entrar no seu centro consagratório, sua oração consagratória e uma abordagem superficial da importância dos seus fatores (axés).

Vamos agora às suas três consagrações:

1ª Consagração: na irradiação divisora do Tempo em eras cronológicas

a) Dirigir-se ao local indicado; deixar suas coisas e entrar em seu centro consagratório conforme foi ensinado (para sair, procede-se como para entrar, mas fazendo tudo em ordem inversa).

b) Abra um círculo consagratório firmando sete velas brancas e sete velas lilases acesas e intercaladas uma a uma.

c) Cubra o círculo com pó de pemba branca e depois espalhe folhas de hortelã por cima dele. A seguir, regue-o com água.

d) Banhe o seu objeto com água do rio ou da lagoa; apresente-o conforme foi ensinado; coloque-o no centro do círculo; faça a oração consagratória; aguarde ajoelhado e em silêncio até que passem 13 minutos; então retire-o e mergulhe-o com a mão direita na água do rio ou da lagoa e mantenha-o dentro dela por dois minutos; a seguir, enxugue-o e reapresente-o; envolva-o em um tecido lilás e só volte a descobri-lo na sua segunda consagração.

2ª Consagração: na irradiação imantadora do axé umidificador de Nanã Buruquê

a) Dirija-se ao local indicado; abra um círculo consagratório firmando sete velas lilases; cubra-o com folhas de hortelã; regue-o com água do rio ou da lagoa.

b) Banhe o seu objeto; apresente-o; coloque-o no centro do círculo; cubra-o com um tecido lilás e espalhe pó de pemba branca sobre o tecido; faça a oração consagratória; aguarde 13 minutos; retire e mergulhe-o com a mão direita na água e mantenha-o dentro dela por dois minutos; a seguir, retire-o e enxugue-o; reapresente-o; envolva-o em um tecido lilás; retire-se conforme foi ensinado e só volte a descobri-lo na sua terceira consagração.

3ª Consagração: na irradiação delimitadora dos espaços

a) Dirija-se ao local escolhido; abra um círculo com sete velas lilases (acesas) e outro por fora dele com sete velas brancas acesas.

b) Cubra o círculo com pó de pemba branca e depois espalhe pétalas de crisântemo roxo por cima do pó.

c) Banhe o seu objeto na água do rio ou do lago; apresente-o; coloque-o no centro do círculo; deixe ao lado uma vasilha de água com folhas de hortelã maceradas nela; faça a oração consagratória; enquanto aguarda que passem os 13 minutos, banhe com a água com hortelã por três vezes o objeto que está sendo consagrado; após os 13 minutos, retire-o e mergulhe-o com a mão direita na água do rio ou da lagoa; após isso, retire-o e enxugue-o; reapresente-o; envolva-o no tecido lilás; retire-o conforme foi ensinado e só volte a descobri-lo no dia seguinte, com ele já pronto para ser assentado, entronado ou usado por você.

O seu poder será magnífico, mas antes é preciso prepará-lo bem porque Umbanda tem fundamentos e é preciso saber prepará-los!

Consagrações na Irradiação de Obaluaiê

Obaluaiê é conhecido na Umbanda como o Orixá do cemitério e da cura das doenças.

Além disso, nada mais se sabe ou se ensina, e isso é muito pouco para o Orixá que gera em si e de si fatores importantíssimos para a estabilidade e a evolução de tudo o que vive na morada exterior de Olodumaré.

Os fatores formadores do seu poderoso axé mais conhecidos sao estes: estabilizador, transmutador, evolucionista e regenerador.

Conta uma lenda sobre Obaluaiê que no tempo – quando o tempo ainda não existia mas que os Orixás estavam dando início à criação dos mundos na morada exterior de Olodumaré – muito eles criavam, mas nada adquiria estabilidade. E mesmo que uma criação não saísse a contento do seu criador, não havia como alterá-la para melhor, porque o axé transformador de Exu usado por eles modificava tudo de forma confusa e desordenada, só piorando as suas criações, que se tornavam caóticas e degeneradas.

Só as coisas criadas por Obaluaiê adquiriram estabilidade e transmutavam-se, evoluindo segundo suas funções na criação.

As mães Orixás não queriam aproximar-se dele porque sua chave abridora das conchas da vida era a mais grossa de todas e temiam ter suas conchas abertas de forma irreversível, não voltando a se fechar mais.

Só Nanã Buruquê, sua companheira inseparável, não temia ter sua concha aberta pela chave de Obaluaiê e sorria enigmática quando inquirida sobre o porquê de suas criações serem sempre estáveis. E não havia como fazê-la revelar seu segredo, até porque não faz parte da natureza dela revelar os mistérios dos axés alheios.

O Tempo, no tempo em que ainda não havia tempo na morada exterior de Olodumaré, foi passando e só as criações de Obaluaiê e as gerações de Nanã tinham a estabilidade necessária para cumprir suas funções no mundo manifestado.

Mesmo Exu, que era bem informado, mas muito indiscreto, recusava-se a comentar qualquer coisa sobre Obaluaiê, pois, de todos os Orixás, o único que ele não fica na frente em hipótese alguma é Obaluaiê.

Na verdade, Exu nunca revela nada ou sobre Obaluaiê. Nunca mesmo!

E todas as mães Orixás chegavam a certa distância dele, observavam sua chave, olhavam o tamanho dela e a estreita abertura de suas formosas conchas da vida. Mas logo se afastavam, temendo pedir-lhe para abri-las com sua chave e derramar dentro delas o seu axé estabilizador, o único que daria estabilidade às suas gerações.

Então elas instigavam os Orixás masculinos a conseguir dele o axé estabilizador para que suas criações adquirissem estabilidade. Mas todos se recusavam, pois temiam que, ao adquirirem tal axé, suas chaves também ficassem como a dele, que, de tão grossa e pesada, o obrigava a curvar-se quando caminhava.

E nenhum deles queria perder seus passos ágeis e leves por ter que carregar uma chave grossa e pesada ou mesmo de vir a adquirir, junto com o axé o fator que pipocava em todo o corpo dele, deixando-o marcado.

Oxóssi ofereceu a elas o seu fator expansor, com o qual poderiam expandir o tamanho e a abertura de suas conchas, mas um problema pior se apresentou: como devolver-lhes seus tamanhos naturais sem o fator oposto, que é contrator e faz com que tudo que se expandiu se contraia e volte à forma original?

Mesmo o Tempo ainda não existindo na morada exterior de Olodumaré, muito tempo havia se passado sem que ninguém se animasse a aproximar-se de Obaluaiê e pedir que compartilhasse o seu fator estabilizador, o único a dar estabilidade às criações e às gerações.

Oxum, inconformada com aquele caos, foi até Oxalá, que andava curvado por carregar todos os modelos das coisas da morada exterior de Olodumaré, e vendo em sua mão esquerda um molho com todas as chaves exteriorizadas por Olodumaré, inclusive a de Obaluaiê, perguntou-lhe como fazer para adquirir o fator estabilizador de Obaluaiê, o único que tornaria as criações e as gerações deles estáveis.

– Só tendo suas conchas abertas pela chave dele poderão adquirir o fator estabilizador, minha filha! – respondeu ele, o guardião dos mistérios de todas as chaves exteriorizadas por Olodumaré.

– Mas assim, tendo nossas conchas abertas por aquela chave grossa, elas ficarão de tal forma que perderão a elasticidade e não se fecharão mais.

– Não tema, minha filha! – exclamou Oxalá – A chave dele abre uma concha ao máximo quando é introduzida nela, mas, quando ele a retira, fecha-a de tal forma que até fica parecendo que ainda não foi aberta nenhuma vez.

– Então esse é o segredo da senhora, Nanã Buruquê?

– É sim, mas não diga a ela que você o conhece, está bem?

– Agora entendo por que ela não ostenta ou mostra sua concha para ningúem! Nós pensávamos que era porque estava totalmente aberta ou deformada, meu pai!

– Obaluaiê é o senhor do axé das passagens, minha filha. Ele é o único que abre tudo o que se fechou ou fecha tudo o que se abriu demais.

– Entendo, meu pai! – exclamou Oxum, enigmática.

Ela se retirou e anunciou a todos (e todas) os Orixás que iria pedir a Obaluaiê que compartilhasse com ela seu axé estabilizador, causando certo incômodo, pois de todas as conchas da vida a dela era a menor, ainda que fosse a mais bonita.

E lá foi ela, resoluta até Obaluaiê, que não se negou a compartilhar com ela o seu poderoso axé estabilizador das criações e das gerações exteriores no mundo manifestado.

Ele, que vivia isolado de todos os outros Orixás por causa do seu axé que podia pipocar, nunca havia visto outra concha da vida além da de Nanã. E, ao ver nas mãos delicadas de Oxum a sua pequenina, encantadora e belíssima concha da vida, foi logo lhe oferecendo seu axé estabilizador das gerações.

Mas ela, ágil no raciocínio como só ela consegue ser, pois gera o fator agilizador, quis saber quais eram os outros fatores que ele gerava.

– Por que você quer saber quais são os fatores que formam o meu axé?

– Bom, eu acredito que o senhor tenha outros que possa compartilhar comigo. Então, quero saber quais são, meu senhor das passagens!

– Só lhe revelarei meus outros fatores se você me ceder sempre a sua concha da vida para nela serem geradas as minhas criações que a concha da vida de Nanã não consegue gerar.

Oxum refletiu muito antes de aceitar essa exigência dele. Então decidiu exigir dele que sua concha fosse imantada pelo seu axé que abria o que estava fechado e fechava o que estava aberto.

– Mas assim, imantada com esse meu axé, sua concha se abrirá até o extremo da criação ou se fechará de tal forma que nenhuma chave entrará em sua fechadura. E você poderá graduá-la segundo sua vontade!

– É isso mesmo que eu quero para a minha concha da vida, a menor de todas, ainda que seja a mais bonita. Ela é tão pequena que só umas poucas chaves, também pequenas, a abrem.

Obaluaiê, vendo-a triste por possuir uma concha da vida belíssima, mas pequena, entendeu seu pedido e aceitou imantá-la com seu axé, dotando Oxum com o poder de abrir ou fechar sua encantadora concha segundo a própria vontade.

Após imantá-la, Obaluaiê viu-a abrir-se de tal forma que sua chave entrou facilmente nela que, dali em diante, tanto começou a receber os fatores dele por ela escolhidos, como nunca deixou de gerar todas as suas criações dele que não podiam ser geradas pela concha da vida de Nanã Buruquê.

E assim tem sido desde aquele tempo, quando o tempo ainda não existia na morada exterior de Olodumaré.

As outras mães Orixás geradoras, vendo que Oxum voltara feliz e começara a gerar criações estáveis, uma a uma, animaram-se a ir até Obaluaiê e pediram-lhe que partilhasse com elas seu fator estabilizador, dando, dali em diante, estabilidade às suas gerações das coisas que formariam o mundo manifestado ou morada exterior de Olodumaré, o nosso Divino Criador.

Então, irmão umbandista, o que você pensa agora de nosso querido e amado pai Obaluaiê?

Você ainda crê que ele só faz o que até hoje já chegou da África em comentários parciais?

Saiba que sem Obaluaiê nada de abre ou se fecha.

Saiba também que só Oxum partilha com ele esse poder manifestado por Olodumaré na sua morada exterior (o *ayê* nigeriano).

Saiba também que é obrigatório que toda filha de Oxum abra em sua casa (o seu terreiro) o assentamento simbólico de Obaluaiê, no lado de fora, ela, pois só assim ali adquire a estabilidade indispensável ao bom andamento dos trabalhos espirituais que serão realizados dentro dela.

Agora, vamos passar às consagrações na irradiação de Obaluaiê, que são estas:
- No mineral (perto de uma cachoeira ou de um rio)
- No vegetal (em um bosque ou uma mata)
- No tempo (em um campo aberto)
- Na terra (em um solo úmido)
- Na água (à beira de um lago ou de uma lagoa)
- No cristal (perto de uma pedreira)
- No fogo (sobre uma pedra-mesa)

Obs.: Não se consagra para Obaluaiê no ar, pois seu axé tem o poder de paralisar as vibrações elementais eólicas e ele é o único Orixá que tem o poder de inverter o fluxo eólico, fazendo com que o ar reflua ou fique como que parado no tempo e no espaço.

Enquanto Omolu tem poder sobre o tempo e pode paralisá-lo, Obaluaiê tem poder sobre o ar e tanto pode paralisá-lo quanto fazê-lo refluir.

Para cortar trabalhos de magia negra feitos no tempo, deve-se recorrer a Omolu. E, para cortar-se trabalhos feitos no ar, devem recorrer a Obaluaiê.

Bem, após esta observação que achamos importante porque nem o mais velho e o mais sábio dos iniciados sabia disso, pois essas revelações são parte dos fundamentos de sua religião, a Umbanda, recorram a eles para o que indicamos e comprovem o poder dos seus fundamentos, irmãos umbandistas!

E, caso eles, os velhos e sábios iniciados queiram recorrer a esses fundamentos umbandistas, é claro que poderão. Afinal, todos cultuamos Orixás, não é mesmo?

Só não digam que já sabiam, porque sabemos que desconheciam sobre esses dois Orixás, assim como não conheciam as formas consagratórias aqui reveladas, pois são genuína e fundamentalmente umbandistas, ainda que a elas possam recorrer caso queiram consagrar (por exemplo) seu quelê, sua toalha, sua pemba, seu bracelete, sua pulseira, seu anel, suas ferramentas, suas armas, etc. O que aqui ensinamos está integralmente fundamentado no culto aos Orixás.

Para se entrar no centro-neutro consagratório de Obaluaiê há uma forma e para sair há outra.

Vamos a elas!

1ª) Para entrar, deve ajoelhar-se, bater palmas (3x3), pedir-lhe licença para caminhar até seu centro-neutro, levantar-se e curvar-se levemente. Então, dê quatro passos para a frente, começando com o pé direito e, assim que der o quarto passo, dê um para trás, com o pé esquerdo; recue para junto dele o pé direito e dê outros quatro passos à frente mais uma vez; dê um passo para trás com o pé esquerdo, trazendo novamente o pé direito para junto dele e dando outros quatro passos à frente com o pé direito, recuando um com o pé esquerdo e trazendo mais uma vez o pé direito para junto dele, para então ajoelhar-se, tocar o solo à frente com a testa, pedir-lhe sua bênção e sua licença para consagrar em sua irradiação divina seu(s) objeto(s).

2ª) Para sair, ajoelhe-se diante do espaço consagratório, peça-lhe a bênção e a licença para se retirar do seu centro-neutro.

A seguir, levante seu corpo mas, mantendo-o curvado, dê quatro passos para trás, com o pé esquerdo, e um para a frente, com o pé direito. Então, mantendo o pé esquerdo onde deu o quarto passo e o direito onde deu o passo à frente com ele, ajoelhe-se, cruze o solo à sua frente, bata palmas (3x3) e diga esta saudação: "Atotô, meu pai Obaluaiê!", para em seguida se levantar sem descurvar o corpo, recuar o pé direito até juntá-lo com o pé esquerdo e com este dar outros quatro passos para trás e um para a frente, com o direito, repetindo tudo que fez na vez anterior.

A seguir, recue mais uma vez o pé direito e dê outros quatro passos para trás, com o pé esquerdo, e um para a frente, com o pé direito. Ajoelhe-se, agradeça-o, peça-lhe bênção e licença para se retirar e ir para a sua casa. Após esses pedidos, saúde-o mais uma vez: "Atotô, Obaluaiê, meu pai"!

Apresentação do objeto a ser consagrado na irradiação de Obaluaiê

1ª) Eleve-o acima da sua cabeça segurando-o com a mão direita e apresente-o ao alto de Obaluaiê; depois, pegue-o com a mão esquerda e apresente-o ao embaixo, encostando-o no solo.

2ª) Sem se mover, e sempre de frente para o círculo consagratório, leve-o à frente de sua cabeça, pois estará curvado, e apresente-o ao à frente; então passe-o para a mão esquerda, levando-a às costas, e apresente-o ao atrás. Em seguida, passe-o novamente para a mão direita, leve-o à sua direita e apresente-o a ela, e isto sem virar o seu corpo, que deverá permanecer de frente para o círculo consagratório; a seguir, passe-o para a sua mão esquerda e apresente-o à esquerda.

Então, após a apresentação do seu objeto, você pode colocá-lo no círculo consagratório para que ele seja consagrado ou envolvê-lo em um tecido branco e levá-lo para sua casa.

Oração consagratória a Obaluaiê

– Meu pai Obaluaiê, eu o saúdo e clamo-lhe, em nome do nosso Divino Criador Olodumaré, que consagre esse meu (citar o nome do objeto), imantando-o com a vibração da irradiação do seu mistério estabilizador da concepção da vida.
Amém!

Em seguida, os mistérios a serem evocados são estes:
1º) Mistério estabilizador da concepção da vida.
2º) Mistério sedimentador do saber.
3º) Mistério cadenciador do tempo.
4º) Mistério transmutador das formas.
5º) Mistério decantador das ilusões.
6º) Mistério regenerador das formas.
7º) Mistério combinador das energias (de axés).

Vamos agora às consagrações:

1ª Consagração: na irradiação estabilizadora da vida

a) Dirija-se ao local indicado (perto de uma cachoeira); deixe seus materiais e entre em seu centro-neutro consagratório, conforme foi ensinado.

b) Abra um círculo consagratório firmando sete velas lilases ou violetas acesas e cercando-o com quatro velas brancas acesas e firmadas, em cruz, do lado de fora do círculo; a seguir, espalhe pemba branca em pó dentro do círculo e coloque, por cima dele, pétalas de crisântemos brancos.

c) Banhe o objeto na água da cachoeira; apresente-o; coloque-o no centro do círculo; cubra-o com um tecido de cor violeta; faça a oração consagratória; aguarde entre 15 e 20 minutos; retire o objeto; banhe-o novamente na água da cachoeira; enxugue-o e reapresente-o, já consagrado; envolva-o em um pano branco; retire-se, como foi ensinado e só volte a descobri-lo em sua segunda consagração.

2ª Consagração: na irradiação sedimentadora do saber

a) Dirija-se ao local indicado (bosque ou mata); entre como foi ensinado; abra um círculo consagratório com sete velas verdes acesas e outras quatro velas brancas firmadas, em cruz, do lado de fora do círculo de velas verdes.

b) Cubra o círculo com folhas silvestres e depois derrame água em cima delas.

c) Lave o seu objeto com água; apresente-o; coloque-o no centro do círculo e cubra-o com um pano violeta; faça a oração consagratória; aguarde de 15 a 20 minutos; retire o objeto; banhe-o com água, enxugue-o e reapresente-o; envolva-o em um tecido branco; retire-se, como foi ensinado, e só volte a descobri-lo na sua terceira consagração.

3ª Consagração: na irradiação cadenciadora do tempo

a) Dirija-se ao local indicado (campo aberto); abra um círculo com sete velas azul-escuras acesas e firme outras quatro velas brancas, em cruz, do lado de fora dele.

b) Estenda um pano violeta no centro do círculo; banhe o seu objeto com água; apresente-o; coloque-o sobre o pano; espalhe pó de pemba branca sobre ele; faça a oração consagratória; aguarde de 15 a 20 minutos; retire-o; lave-o com água; enxugue-o; reapresente-o; envolva-o com um tecido branco; retire-se e só volte a descobri-lo na sua quarta consagração.

4ª Consagração: na irradiação transmutadora das formas

a) Dirija-se ao local indicado (em um solo úmido); abra um círculo com sete velas violetas acesas e firme, em cruz e por fora dele, outras quatro velas brancas; espalhe pétalas de crisântemos brancos.

b) Banhe o seu objeto com água; apresente-o; coloque-o no centro do círculo; cubra-o com um pano violeta; faça a oração consagratória; aguarde de 15 a 20 minutos; retire-o; banhe-o novamente; enxugue-o; reapresente-o; envolva-o no tecido branco; retire-se e só volte a descobri-lo na sua quinta consagração.

5ª Consagração: na irradiação decantadora das ilusões

a) Dirija-se ao local indicado (à beira de um lago ou lagoa); entre, como foi ensinado, ficando de frente para a lagoa; firme um círculo de velas lilases acesas e firme, em cruz, por fora dele, outras quatro velas brancas; cubra o solo com pétalas de crisântemos roxos.

b) Banhe o objeto com água da lagoa; apresente-o; coloque-o dentro do círculo; cubra-o com um pano branco; faça a oração consagratória; aguarde de 15 a 20 minutos; retire-o e torne a banhá-lo; enxugue-o e reapresente-o; envolva-o com o tecido branco e retire-se, só voltando a descobri-lo na sua sexta consagração.

6ª Consagração: no mistério regenerador das formas

a) Dirija-se ao local indicado (perto de uma pedreira), entre como foi ensinado; abra um círculo com sete velas amarelas e firme, em cruz, por fora dele, quatro velas brancas acesas; cubra o solo com pétalas de crisântemos amarelos.

b) Banhe o objeto com água; apresente-o; coloque-o dentro do círculo; cubra-o com um pano branco; faça a oração consagratória; aguarde de 15 a 20 minutos; retire-o; banhe-o com água; enxugue-o e reapresente-o; retire-se e só volte a descobri-lo na sua sétima consagração.

7ª Consagração: na irradiação combinadora de energias (de axés)

a) Dirija-se ao local indicado (uma pedra-mesa); firme sobre ela um círculo com sete velas vermelhas acesas e quatro velas brancas, em cruz, por fora dele; espalhe pó de pemba branca dentro do círculo e coloque um pano vermelho sobre o pó.

b) Banhe o seu objeto: apresente-o; coloque-o sobre o pano vermelho e cubra-o com um pano violeta; faça a oração consagratória; aguarde de 15 a 20 minutos; retire-o; banhe-o novamente; enxugue-o e reapresente-o; envolva-o no tecido branco; retire-se e só volte a descobri-lo no dia seguinte para entroná-lo, assentá-lo ou usá-lo, que estará magnificamente consagrado nas sete irradiações de Obaluaiê.

Umbanda tem fundamento, é preciso preparar!

– Sim, irmãos umbandistas, se seus objetos mágicos não forem preparados corretamente, você não obterá o rendimento magístico que todo elemento mágico devidamente consagrado pode oferecer-lhe.

É certo que é trabalhoso preparar seus objetos, mas vale a pena!

Consagrações na Irradiação de Logunan

Logunan não é Iansã?

— É claro que é, irmãos umbandistas!

Nos Candomblés de origem nigeriana não se usa o nome Iansã, mas dirigem-se à senhora dos raios, dos ventos e dos trovões como Logunan.

Inclusive, o professor Fernandes Portugal, em um dos seus ótimos livros, cita muitas qualidades de Logunan, ou tipos de Logunan, certo?

Saibam que o professor Fernandes é uma das maiores autoridades em cultura yorubana e em Orixás. Inclusive é um sacerdote renomado do culto dos Orixás, e com o qual mantemos relações cordiais.

Logo, sabemos muito bem que a Logunan dos cultos tradicionais é a mesma Iansã cultuada na Umbanda, que é a senhora dos raios, dos ventos e dos trovões, e é a companheira de Xangô nas belas lendas chegadas até nós.

Na Umbanda, há várias qualidades de Iansã ou várias Iansãs.
- Iansã das pedreiras
- Iansã das cachoeiras
- Iansã do cemitério
- Iansã do mar
- Iansã dos ventos
- Iansã dos raios
- Iansã da chuva
- Iansã do tempo, etc.

Há uma Iansã para cada campo dos outros Orixás e todas são associadas aos ventos, raios, trovões, vendavais, etc.

Ou seja, Oiá no Candomblé, e Iansã, na Umbanda, são associadas a fatores climáticos.

Isso é certo e verdadeiro e quem descreveu Logunan ou Iansã não errou em nada, certo?

Certo! Então estamos de acordo que Oiá, no Candomblé, e Iansã, na Umbanda, são a mesma divindade e são associadas aos mesmos fatores climáticos.

Portanto, não há o que discutir sobre isso e não estamos questionando nada ou ninguém, pois nós também acreditamos que tanto a Logunan do Candomblé quanto a Iansã da Umbanda são a mesma divindade.

Porém – e sempre há um porém – nas coisas transcendentais, há uma divindade, uma mãe Orixá que não é uma Iansã e não rege sobre fatores climáticos, mas, sim, ela é a dona do axé do tempo enquanto fator cronológico.

Ela possui o axé do "tempo-eternidade", do "tempo-ciclos e ritmos da criação", do tempo como "eras cronológicas". E ela não é Iansã ou Logunan, mas a Senhora geradora do Tempo, das Eras e da Eternidade.

Seu axé é poderosíssimo e a ele devemos nossas faculdades capazes de dividir o tempo em passado, presente e futuro e, tal como na conjugação dos verbos, esse tempo permite que o conjuguemos assim: eu fui, eu sou e eu serei..., e isso fica compreensivo para quem nos ouve.

Esse tempo a que nos referimos nada tem a ver com fenômenos climáticos, tais como vendavais, raios, trovoadas, etc., concordam?

Esperamos que sim. Afinal, não é tão difícil diferenciar os significados da mesma palavra: tempo!

Foi pensando na palavra tempo e seu duplo significado, ora fator cronológico, ora fator climático, que usamos o nome Iansã na Umbanda para identificar a Orixá que rege sobre fatores climáticos, e tomamos emprestado o nome Logunan, acrescentando-lhe a palavra "tempo", criando o nome Logunan, para designar uma mãe Orixá cujo nome consta entre os dos Orixás não revelados pelos mitos e lendas da construção do mundo manifestado.

Que ninguém se engane ou diga que não há diferenças entre o tempo cronológico e o tempo-clima, pois aí será tachado de néscio, certo?

E, se estamos de acordo que há diferenças, então não há o que discutir.

Logunan ou Iansã tradicionalmente foram, são e serão a mesma divindade, sempre associada a fatores climáticos, tais como: raios, ventos, chuva, vendavais, trovões, etc.

Agora, que fique bem claro que, quando usamos o nome "Logunan", estamos nos referindo a uma mãe Orixá geradora do axé que cria os ciclos e ritmos da criação.

Se tomamos emprestado o nome de Oiá e lhe acrescemos a palavra "tempo" com sentido cronológico, só o fizemos com autorização de quem de direito, e não fomos, não somos e nunca seremos punidos por fazê-lo, já que fomos, somos e estamos autorizados a usá-lo na Umbanda (e não no Candomblé) para identificar esse Orixá feminino, cujo nome não foi revelado nos mitos e lendas da criação.

Ogum é Ogum; Xangô é Xangô; Iemanjá é Iemanjá e ponto final.
E ninguém discute isso, tanto na Umbanda quanto no Candomblé, certo?

Agora, tanto na Umbanda quanto no Candomblé, há certa dificuldade para diferenciar Obaluaiê e Omolu, e todos se limitam a dizer isto: um é o velho e o outro é o novo, não é mesmo?

Mas, se um é o velho, ele não pode ser o novo; se não não; seria o velho, e vice-versa.

Ambos têm qualidades tão próximas que fica difícil separá-las.

E quanto a Oxalufan, o velho, e Oxaguiã, o novo?

– Um é o Oxalá velho e o outro é o Oxalá novo, dizem todos!

Ambos se manifestam de formas tão diferentes que é impossível não notá-las, não é mesmo?

– Oxalá velho é calmo, paciente, tolerante, fraterno, amoroso, carinhoso.

– Oxalá novo é agitado, impetuoso, aguerrido, possessivo e voluptuoso.

Será que estamos falando do mesmo Orixá ou foi um recurso usado no passado, em solo nigeriano, para dar nomes a Orixás cujos nomes não constavam nas lendas originais, escolhendo um nome afim com seus campos de atuação?

A dúvida não é nossa, pois temos certeza de que foi um recurso semântico usado para nomear mistérios não revelados nos mitos da criação do mundo, mas que, posteriormente, foram incorporados ao panteão yorubano para completar os campos que faltavam.

Lançada essa dúvida para os nossos críticos e esperamos que, na falta de argumentos, voltem suas mentes e seus pensamentos para suas próprias dificuldades em explicar seus mistérios e deixem de se preocupar com os nossos.

Afinal, esse costume de recorrer a nomes alheios para explicar seus mistérios começou com os escravos, que chamaram suas divindades com nomes de santos católicos e ainda hoje os utilizam para seus Orixás. Ou não é verdade o que afirmamos?

Então, com isso comentado e com todos de acordo que os nomes são um recurso para diferenciarmos substâncias, pessoas, estações climáticas, divindades, poderes e forças espirituais, esperamos que não confundam mais Logunan e Iansã em nossos comentários, pois estamos nos referindo a dois poderes divinos. Falemos de Logunan!

Logunan é uma divindade que gera o fator temporizador, ou seja, um fator que, ao ser absorvido por algo ou alguém, dota-o da faculdade de avançar, não no sentido de deslocamento de um lugar para outro, mas no sentido de avançar no tempo e, sem sair de onde está, alcança visualmente eventos que, cronologicamente, só acontecerão mais adiante.

Esse fator temporizador dota o ser desse poder que, quando usado pela imaginação, nos permite desenvolver uma linha de raciocínio e ir pensando cada detalhe até que todo um conjunto de coisas pensadas forme algo, tal como um quadro, um filme, uma peça teatral, um conto, um romance, um projeto, um sonho, etc.

A nossa faculdade de pensar não existiria se não houvesse esse fator temporizador, que faz com que nossa mente e nosso pensamento vão se deslocando de uma coisa para outra, sem perder o fio da meada.

E sabemos – ou melhor, temos uma ordem cronológica para tudo o que foi pensado – que, se quisermos, podemos rememorar cada coisa que foi pensada, como podemos rememorar tudo do começo ao fim, novamente.

Esse fator Temporizador faz com que surja uma vibração (tal como uma fita magnética) na qual o pensamento vai gravando tudo o que foi pensado.

O fator Temporizador é complexo e é formado por muitos outros fatores puros. Vamos citar alguns para que tenhamos a noção exata da importância de Logunan como Orixá do Tempo.

– Fatores puros que formam o fator complexo (axé) Temporizador de Logunan:

- Fator graduador
- Fator cadenciador
- Fator nivelador
- Fator avançador
- Fator retrocedor
- Fator regressor
- Fator pulsador
- Fator revertedor
- Fator invertedor
- Fator virador
- Fator girador
- Fator marcador
- Fator imaginador, etc.

Na verdade, o fator complexo (o axé) de Logunan é formado por muitos outros fatores puros (com uma só função) que, sem ele, nada deixa sua posição, postura, estado, forma e aparência originais.

Diríamos que tudo fica estático ou parado no tempo, se é que essa é a melhor definição do que aconteceria se não existisse o axé temporizador de Logunan.

E era justamente isso que acontecia com as criações e gerações dos Orixás naquele tempo, quando o tempo ainda não existia, que foi quando que Olodumaré enviou os Orixás à sua morada exterior para que eles a ocupassem com suas criações e gerações, tornando-a habitável para os seres espirituais, para as criaturas e para as espécies.

Em função da não existência do tempo naquele tempo, temos uma lenda que nos conta como o tempo começou a existir na morada exterior de Olodumaré.

Lenda de Logunan, a Mãe Orixá do Tempo e das Eras

Ainda que não houvesse o tempo, no entanto, aquele, sim, era um tempo difícil, pois os Orixás enviados à morada exterior de Olodumaré se deparavam com todo tipo de dificuldades para ocupar o vazio à volta da morada interior dele.

Ora, ainda que horas ainda não existissem, ora era uma, ora era outra dificuldade.

Mas, a maior de todas era a de que tudo o que criavam e geravam, após sair das conchas da vida das mães Orixás, permanecia estático e mesmo eles usando o axé vibracionista de Iansã, que fazia tudo vibrar, ainda assim nada mudava.

Os Orixás construtores dos mundos estavam preocupados com esse "estado das coisas" criadas e geradas, pois se pareciam com uma imagem parada, com um quadro ou uma foto.

E, se criavam e geravam coisas incessantemente, no entanto, o que faziam era aumentar cada vez mais o número de mundos estáticos na morada exterior de Olodumaré.

Cada Orixá masculino revirava seu axé, procurando algum fator que fizesse as coisas andarem, mas nada encontravam. Já as mães Orixás examinavam todas as possibilidades geracionistas de suas conchas da vida para ver se, combinando seus fatores, geravam algo que alterasse o estado das coisas geradas por elas.

Após todos examinarem detidamente seus axés e não encontrarem um fator que os ajudasse a alterar o estado das coisas geradas, pararam de gerar e dirigiram-se até Orumilá, o adivinho, consultando o para descobrir o que estava faltando ou o que estava errado, já que suas criações se mostravam perfeitas.

Orumilá, após algum tempo, descobriu que o que faltava não estava na morada exterior de Olodumaré e enviou seu pássaro mensageiro à morada interior dele com um pedido de auxílio.

Olodumaré contemplou num relance o vazio e o viu cheio de mundos espalhados por todos os lados, mas todos estavam estáticos, como em um quadro ou uma pintura.

Então, Olodumaré pensou em tudo o que faltava e seu pensamento começou a gerar um Orixá diferente, um que tivesse em si a solução para todas as dificuldades deles, naquele momento da criação e por toda a eternidade.

Só assim, exteriorizando um Orixá que gerasse soluções, sua morada exterior nunca mais ficaria estática, parada como um quadro, uma pintura belíssima, mas faltando algo que a tornasse uma obra de arte.

E Olodumaré imaginou o "Tempo"! E, no seu pensar, gerou sua filha Orixá Logunan, que seria, em si, geradora de soluções para as dificuldades de todos na sua morada exterior.

Como Oxalá havia levado todos os modelos e formas das coisas a serem criadas consigo quando partiu para sua morada exterior, não havia nenhum disponível para dar ao Tempo ou ao Orixá que geraria soluções.

Então Olodumaré, num só pensar, imaginou a solução: pensou o "Tempo" na sua morada exterior e pensou quem geraria as soluções, exteriorizando-a com ele.

E Olodumaré deu a esse Orixá do Tempo o nome de Logunan, a solução das dificuldades inimaginadas.

Ela seria portadora de todo tipo de solução, mesmo as não pensadas por Ele, para solucionar as dificuldades que viessem a surgir no decorrer do "Tempo", que acabara de ser pensado por Ele.

Olodumaré determinou ao pássaro mensageiro que retornasse à sua morada exterior e avisasse Orumilá que logo a solução para todas as dificuldades chegaria, pois Ele iria enviar um novo Orixá cujo axé seria gerador de fatores ainda inexistentes fora de sua mente.

Só esse novo Orixá teria a faculdade de gerar fatores que solucionariam todas as dificuldades que viessem a surgir, tanto na criação quanto na manutenção de tudo e de todos na sua morada exterior.

E o pássaro mensageiro retornou a Orumilá com a notícia de que Logunan, a solução das dificuldades, seria exteriorizada por Olodumaré assim que todos se reunissem ao redor de Oxalá, o portador do axé dos modelos e das formas.

Rapidamente todos se reuniram ao redor de Oxalá, e o pássaro mensageiro retornou até Olodumaré para avisá-Lo de que estavam prontos para receber o novo Orixá que solucionaria todas as suas dificuldades.

Olodumaré, num único pensar, exteriorizou o Tempo e com ele fez surgir Logunan, a solução de todas as dificuldades.

E junto com esse pensar, Olodumaré manifestou uma sentença que se tornou Lei na criação exterior.

– Só no tempo todas as dificuldades serão solucionadas porque só ele trás em si um axé gerador de novos fatores, capazes de solucionarem todas as dificuldades.

E Logunan, a geradora do Tempo na sua morada exterior, surgiu diante de todos os Orixás reunidos à volta de Oxalá que, calmamente, se levantou e caminhou até ela para receber a filha mais nova de Olodumaré, mas que trazia em si o Tempo e o axé solucionador, o único capaz de gerar qualquer tipo de fator ainda inexistente.

A cada passo que Oxalá dava em direção a Logunan, ele remoçava e endireitava seu corpo, arqueado pelo peso dos modelos e das formas que carregava.

Como todos os outros Orixás ficaram parados à espera de uma ordem de Oxalá para se dirigirem até Logunan, esta determinou, naquele momento em que o tempo começou a existir na morada exterior de Olodumaré, que ninguém entraria nos domínios do Tempo sem a autorização dele, o Orixá que o recebeu na forma de Orixá. E, por isso, até hoje, quando alguém vai oferendar o Tempo ou nele trabalhar, antes deve pedir licença a ele; mas, quem sabia disso não é mesmo?

Logunan, ao ver Oxalá remoçar, determinou também que, no Tempo, todos remoçariam e tudo se rejuvenesceria e criou os fatores indispensáveis para que isso assim o fosse, dali em diante.

E ali, bem diante dos olhos de todos os Orixás, surgiu o mais inimaginado dos axés: o axé que permite que tudo e todos se rejuvenesçam ao se dirigirem até Logunan ou que envelheçam ao se afastarem dela.

Oxalá, que remoçava a cada passo, chegou diante de Logunan jovem e vigoroso e quando pousou seus olhos cristalinos nos dela, ela se encantou com a transparência dos olhos dele. Ele sorriu feliz ao mergulhar naqueles olhos negros e ver no axé dela a solução de todas as dificuldades.

Ele ia ajoelhar-se para reverenciar a enviada de Olodumaré, portadora do axé solucionador, mas ela, encantada pelos seus olhos cristalinos e por seu sorriso que a todos alegra, não permitiu, segurando-o a meio caminho de ajoelhar-se e, levantando-o até que ficasse totalmente de pé, disse-lhe:

– Meu pai Oxalá, ao senhor eu concedo o direito de vir até meu domínio pessoal levantando-se a cada passo. E sairá dele curvando-se a cada passo que der para se retirar, está bem?

– Está sim, minha filha inimaginada! Ao chegar até você sinto-me jovem, remoçado mesmo!

– Assim será com o senhor, que é o portador do axé do espaço. O tempo e o espaço caminharão juntos e formarão um par que solucionará todas as dificuldades existentes ou que vierem a surgir na morada exterior de Olodumaré.

– **No tempo tudo se solucionará e no espaço todos se acomodarão e se eternizarão, minha filha! – sentenciou Oxalá.**

– Então assim será, meu pai!

E assim tem sido desde o primeiro instante em que o Tempo passou a existir na morada exterior de Olodumaré.

Logunan encantou-se tanto com os olhos e o sorriso de Oxalá que relutou em deixá-lo sair do seu domínio fechado ou seu "centro-neutro".

Só para retê-lo junto de si, Logunan concedeu-lhe o título de Orixá guardião dos mistérios dela, a Senhora do Tempo, mostrou-lhe sua concha geradora do tempo, a mais fechada das conchas, e falou-lhe:

– Meu pai Oxalá, minha concha geradora do tempo é a mais estreita de todas! E, por ser assim, tão fechada, foi recusada por todas as minhas irmãs mais velhas, que preferiram ter conchas da vida mais largas pois facilitariam suas gerações.

– Isso eu notei, minha filha! – exclamou Oxalá, encantado com a estreitíssima concha de Logunan.

– Nenhuma das chaves que há no seu molho pode abri-la, meu pai?

– Não, minha filha. Para abrir essa sua estreita concha geradora do Tempo, só tendo uma chave especial. Só uma chave-mestra mesmo, que tenha em si os axés criadores de todas as outras chaves.

– O senhor guarda as chaves criadoras de todos os Orixás, mas não tem uma chave só para si, meu pai?

– Não tenho, minha filha. Esse é o meu problema, sabe! Eu vejo os outros Orixás abrirem as conchas da vida e depositarem dentro delas suas criações e logo elas são geradas e exteriorizadas. Mas eu, que gero todo tipo de modelos e formas de que eles se servem para modelar ou formar suas criações e gerações, não tenho uma chave para abrir nenhuma delas. Esse é o meu problema, minha filha!

– Eu vou solucioná-lo, meu pai! – exclamou Logunan, toda felicidade e encantamento – Lembre-se de que no tempo e no espaço tudo se soluciona e se acomoda. Pense numa chave-mestra que tenha em si todas as outras, inclusive uma que abra essa minha estreitíssima concha geradora do tempo, pois só com ela sendo aberta pela sua Chave do Tempo eu começarei a gerá-lo na morada exterior do nosso Divino Criador Olodumaré.

E Oxalá pensou, pensou e pensou! E tanto pensou que ali, naquele primeiro instante da existência do Tempo, na morada exterior de Olodumaré, modelou uma chave-mestra que abriria desde a mais estreita até a mais larga das conchas geradoras.

Inclusive, ele pensou que, como na mesa das conchas da vida de Olodumaré só havia sobrado conchas muito estreitas, caso Ele enviasse novos Orixás femininos para ocupar domínios em sua morada exterior, elas viriam trazendo conchas cada vez mais estreitas. Logo, sua chave-mestra teria que ajudá-las nas suas funções geradoras das coisas na morada exterior. E comunicou isso a Logunan, que, olhando para sua estreita concha, concordou:

– É verdade, meu pai. Cada nova filha que nosso pai Olodumaré pensar de agora em diante, e exteriorizá-la no seu pensar, só terá à disposição conchas muito estreitas, mas que precisarão ser abertas por chaves especiais.

– As novas Orixás, não há dúvida, virão com conchas estreitas. E nada gerarão se não encontrarem na morada exterior chaves que as abram sem deformá-las ou quebrá-las.

– Pense mais um pouco, meu pai! – pediu-lhe Logunan, imaginando para Oxalá um axé especial que desse à sua chave-mestra a capacidade de abrir toda e qualquer concha, desde a mais estreita até a mais larga. E desde a mais rasa até a mais profunda pois, segundo ela lhe havia revelado, a sua, se era estreitíssima, no entanto era a mais profunda de todas as conchas criadas por Olodumaré.

A única outra concha quase tão profunda quanto a de Logunan era a que Iansã pegara ao partir para a morada exterior. Só que a de Iansã não era tão estreita e havia chaves que a abriam.

Então Oxalá pensou, pensou e pensou. E tanto pensou, ali no âmago do tempo onde o tempo aguardava a abertura da concha de Logunan para exteriorizar-se e passar a existir na morada exterior, que começou a envelhecer no tempo, deixando-a preocupada.

E tão preocupada ela ficou que imaginou um fator especial para a chave-mestra que ele estava pensando: o fator que faria com que, assim que ele introduzisse sua chave-mestra em uma concha, à medida que ela fosse entrando ele começaria a remoçar e voltaria à sua juventude plena quando ela estivesse toda dentro, encantando a dona da concha com seu sorriso e sua juventude de tal forma que ela a reteria só para ficar mais tempo com ele.

E o que Logunan, a senhora dos mistérios do Tempo, imaginou ali, naquele primeiro instante da existência do tempo, concretizou-se na chave-mestra de Oxalá. E, segundo revelou Exu, – o Orixá mais bem informado sobre as coisas, mas o mais indiscreto de todos porque sua boca não fica fechada um só instante desde esse primeiro instante, – assim que ele enfia sua chave em uma concha da vida, ele remoça e sorri. E a sua juventude, seus olhos cristalinos e seu sorriso encantam tanto as donas dos mistérios dessas conchas que elas fazem de tudo para que ele não tenha pressa de retirá-la, só para poderem desfrutar da alegria e do encantamento que toma conta delas ao revê-lo como ele era na morada interior de Olodumaré.

Inclusive – revela esse Orixá bem informado, mas pouco discreto – desde o segundo instante do tempo até hoje, Oxalá não teve mais paz, pois todas as senhoras de conchas da vida vivem assediando-o para que ele pegue sua chave-mestra e introduza-a em suas conchas só para poderem vê-lo como era quando vivia na morada interior do Divino Criador Olodumaré.

Esse Orixá informadíssimo e indiscreto nos revela que, do segundo instante do tempo em diante, Oxalá foi tão assediado que precisou pensar numa solução, de tanto que as conchas estavam gerando. Ele pensou, pensou e pensou tanto que Logunan (já intrigada nesse segundo instante do tempo com Exu, porque este a havia desagradado em um assunto que ele não revela por temer a reação dela) imaginou a solução para tantas gerações:

A chave-mestra de Oxalá só desencadearia a geração de algo se ele a introduzisse em uma concha da vida com a mão direita, pois se a fosse com a mão esquerda, ela não ativaria o seu mistério gerador e não geraria nada.

Como Oxalá não aprovou a solução imaginada por ela, Logunan justificou-se desta forma:

– Meu pai Oxalá, no meu segundo instante aqui, na morada exterior do nosso pai e criador Olodumaré, já vi tantas irmãs mais novas serem exteriorizadas por Ele que se acabaram as conchas da vida que haviam na mesa delas, e elas estão recebendo Dele conchas novíssimas, pensadas no ato por

Ele. E essas conchas novíssimas, além de serem fechadíssimas, ainda não maturaram o bastante para começar a gerar aqui na morada exterior. Como o nosso pai Olodumaré ordenou-me que criasse a solução para maturarem, então imaginei para essa sua chave-mestra o fator maturador das conchinhas da vida delas, novinhas e fechadíssimas, que só começarão a gerar algo quando estiverem crescidas e amadurecidas no tempo.

– Compreendo, minha filha. Se foi o nosso pai Olodumaré que lhe ordenou que imaginasse uma solução para a maturação delas na sua morada exterior, então introduzirei com a minha mão esquerda essa minha chave-mestra que as amadurecerá e as tornará aptas a começarem a gerar. Só que há um problema...

E, como Oxalá não comentou qual era o problema, Logunan começou a imaginar qual seria. Como os olhos de Oxalá, por serem cristalinos, nada revelavam e eram impenetráveis, tudo o que ela imaginava ele balançava a cabeça negativamente.

E tantas soluções ela imaginou e gerou os fatores solucionadores de problemas com as conchas da vida, que a chave-mestra de Oxalá foi se tornando solucionadora de todo tipo de problemas já existentes ou dos que sequer pudessem ser imaginados mas que, com certeza, surgiriam nos instantes posteriores da criação na morada exterior de Olodumaré.

E chegou a um ponto que Logunan perguntou a Oxalá:

– Meu pai, que problema é esse se já imaginei soluções para todos os que as conchas já apresentaram ou virão a manifestar nos instantes futuros, e não imaginei a solução para o problema que aludiste?

– Bom, é que todas essas novas conchas são iguais e eu gostaria de remodelá-las e dar a cada uma a forma, o tamanho, a abertura e o modelo ideais delas na morada exterior do Divino Criador Olodumaré.

– Por que o senhor gostaria que assim fosse, meu pai Oxalá?

– Imagine isso: essas novas e fechadíssimas conchas da vida são imaturas e incapazes de gerar. Logo, vou ter que amadurecê-las e capacitá-las.

– Isso eu já imaginei e gerei na sua chave-mestra: os fatores maturadores e capacitadores que solucionam esse problema.

– Então imagine isso: essas novas e fechadíssimas conchas da vida são todas iguais e será difícil diferenciar umas das outras, assim como ao mistério gerador de cada uma. E isso sem pensar no fato de que todas se parecerão e me causarão certo enfado por ter que amadurecer e capacitar tantas conchas iguais.

– Estou imaginando, meu pai! A única solução é eu imaginar um fator que dê a cada uma um diferenciador que lhes possibilite ir assumindo novas formas sem se descaracterizar, isto é, sem deixar de ser o que são, assim como não deixem de ter o modelo que faz com que sejam vistas, entendidas e aceitas como conchas da vida.

– Logo...

– Logo, a solução é eu imaginar um novo fator que dê ao seu axé modelador o poder de, durante o processo de maturação e capacitação, remodelá-las sem descaracterizá-las, e de capacitá-las sem que deixem de despertar o interesse dos Orixás masculinos portadores das chaves da criação.
– Que fator é esse que você está imaginando, minha filha?
– Eu estou imaginando um fator muito especial, meu pai.
– Qual é o nome dele?
– Seu nome é amoldador, e amoldará cada concha ao mistério gerador dela, assim como às suas chaves. Se uma chave criadora de algo não for introduzida na concha certa para criar esse algo, o mistério gerador dela não desencadeará seu geracionista e nada será gerado. Assim imaginado, sua chave-mestra abrirá e amadurecerá todas essas conchas novas e as amoldará segundo seus mistérios.
– Com isso imaginado, elas se diferenciarão e só gerarão se forem abertas por chaves também específicas. É isso que você imaginou, Logunan?
– Foi isso mesmo, meu pai. Está bom assim?
– Está sim, minha filha muito imaginativa! Com isso o problema das chaves ainda não usadas, de tantas que há nesse molho, será solucionado também, pois remodelarei as conchas novas e as amoldarei a elas.
– Viu como o tempo e o espaço, quando se unem, encontram ou criam a solução para tudo, meu pai?
– Creio que você não tem a concha mais profunda por acaso, minha filha. Só ela sendo assim lhe possibilita imaginar todas as soluções para todos os problemas, até os ainda inexistentes.
– É isso mesmo, meu pai. A concha geradora do tempo, se corretamente aberta, sempre criará soluções, até para o que ainda não foi imaginado, pois é a concha geradora da imaginação e das soluções!
Naquele tempo, em que o tempo estava começando a existir na morada exterior de Olodumaré, e com Oxalá já velhíssimo, no âmago do tempo, ele, que é o senhor do axé criador do espaço, e Logunan, que é a senhora do axé criador do tempo, pensaram e imaginaram muitas coisas para a morada exterior Dele.
E, se todas são essenciais, ao nosso ver a mais importante foi esta:
– Oxalá, meu pai, por que o senhor está tão pensativo? Por acaso não percebe que quanto mais o senhor pensa, mais envelhece?
– Eu sou assim, minha filha. Não posso mudar o que em mim é natural!
– Entendo, meu pai. Vou imaginar uma solução para essa sua natureza pensativa, está bem?
– Cuidado com o que essa sua imaginação extremamente fértil irá imaginar, pois poderá descaracterizar-me.
– Meu pai, o que estou imaginando não irá alterar essa transformação que acontece com sua aparência quando começa a pensar! Apenas imaginei um fator que entrará em ação assim que começar a pensar.

– O que esse novo fator, já imaginado por você, faz quando entra em ação?

– Ele o fortalecerá ainda mais, meu poderoso pai Oxalá!

– Como?!!

– É isso mesmo, meu poderoso pai que carrega todos os modelos e formas da criação na morada exterior do nosso Divino Criador Olodumaré. De agora em diante, sempre que o senhor começar a pensar, à medida que for envelhecendo, também irá se fortalecendo na mesma proporção, tornando-se cada vez mais forte e poderoso. E isso tudo sem descaracterizar-se em nada, em momento algum.

Então, Oxalá começou a sentir-se tão forte e poderoso que, mesmo velhíssimo e encurvado no tempo, sorriu de alegria e pensou uma solução para o problema da falta de conchas geradoras já maduras na morada exterior de Olodumaré:

– Minha filha imaginativa, eu pensei numa solução, tanto para a falta quanto para o uso excessivo das conchas da vida!

– Qual é a solução, meu pai pensador?

– Bom, as mães Orixás estão sobrecarregadas com tantas coisas a serem geradas aqui, na morada exterior do pai e nosso Divino Criador Olodumaré, pois suas conchas não param de gerar as coisas que aqui têm que existir. Mas, por mais que gerem, não preenchem o vazio, pois este é infinito. Umas geram estrelas, outras geram planetas, outras geram um elemento, outras geram outro elemento; uma concha gera uma espécie, outra gera outra, continuamente e sem dar a elas um só momento de descanso.

– O que o senhor pensou que nem a minha fertilíssima imaginação consegue captar, meu pai Oxalá?

– Eu pensei, minha filha, que se uma concha da vida de uma mãe gerar algo, esse algo também terá em si o poder de gerar-se e multiplicar sua espécie.

– Como é que é, meu pai?!!

– Imagine isso, minha filha: tudo o que as mães geram não se reproduz e elas têm de ficar gerando a mesma coisa o tempo todo.

Mas, se algo gerado maturar no tempo e puder multiplicar sua espécie, as mães geradoras só terão de controlar essa multiplicação e a propagação de uma mesma espécie, estimulando ou desestimulando essas multiplicações, que ocuparão gradativamente o vazio existente na morada exterior do nosso pai Olodumaré.

– Então terei de imaginar um novo fator que atuará junto com o seu fator maturador, meu pai – falou Logunan, com o semblante preocupado.

– Imagine-o, minha imaginosa filha! – exclamou Oxalá, sorrindo de alegria por ter pensado algo que iria auxiliar as mães geradoras da criação na morada exterior do Divino Criador Olodumaré – Imagine, minha filha, pois quando o Tempo fecha o seu semblante, é Olodumaré pensando através da sua imaginação!

— Meu pai, eu...
— Não pense, minha filha. Apenas imagine um fator que perpetuará tudo e todos na morada exterior do nosso Divino Criador. Imagine, minha imaginosa filha!

Logunan fechou ainda mais seu semblante e recolheu-se em si mesma. E Oxalá, que é um pensador divino, já havia notado a natureza dela, que é esta: — quanto mais Logunan cinge o cenho para imaginar, mais imaginosa ela se torna, e é capaz de imaginar até o fator que o mais imaginoso dos pensadores seria incapaz de pensar.

— Logunan, você é capaz de imaginar o impensado, minha filha! — exclamou ele, sorrindo de alegria.

— Meu pai, eu...

— Não pense, minha filha. O pensar me pertence! Quanto a você, é a imaginação do nosso Divino Criador Olodumaré, pensada por Ele para entrar em ação sempre que o pensamento alcançar seus limites. Logunan, sempre que o pensamento alcançar seus limites, daí em diante a imaginação entrará em ação e abrirá novos campos para ele continuar a pensar e cumprir suas funções na criação, minha filha!

Olodumaré a imaginou e deu-lhe vida para que você, a imaginação Dele, imaginasse todas as soluções. Você é o tempo, por meio do qual os pensamentos vão amadurecendo e sendo amoldados às necessidades dos meios e dos seres. Imagine um fator que beneficiará até a você, a senhora dos mistérios da imaginação, pois lhe dará descanso, já que cada coisa terá em si até a faculdade de imaginar ou imaginar a si própria.

E Logunan imaginou, imaginou e imaginou! E tanto ela imaginou que encontrou, com sua fértil imaginação, a solução. Então ela descontraiu o seu semblante e sorriu enigmática para Oxalá, que, se estava sorridente, logo fechou o seu sorriso e perguntou:

— O que você imaginou, minha filha?

— Eu imaginei isso, meu pai: um fator que dota tudo e todos existentes na morada exterior com o poder de reproduzir-se. E dei a este novo fator o nome de reprodutor. E ele atuava em conjunto com o fator maturador. Só o que amadurecer no tempo adquirirá o poder de se reproduzir, e só começará a fazê-lo quando estiver maduro.

— Assim...?

— Assim, de agora em diante, o seu fator maturador amadurecerá as novas conchas exteriorizadas por Olodumaré e elas, assim que estiverem maduras, se reproduzirão nas suas gerações... e assim será por todo o sempre. Inclusive, imaginei as mães geradoras reproduzindo a si próprias nas suas conchas da vida, para que as filhas que gerarem as auxiliem na administração da multiplicação da criação na morada exterior do Divino Criador Olodumaré. E dei a posse do fator multiplicador a todos os pais Orixás exteriorizados por Olodumaré, para que eles os depositem nas conchas da vida das mães geradoras e multipliquem-se, auxiliando na administração das multiplicações que, de agora em diante, acontecerão aqui, na morada exterior do nosso Divino Criador Olodumaré, meu pai!

Pense tudo o que imaginei e torne lei na morada exterior dele tudo o que foi imaginado, meu pai Oxalá! – exclamou Logunan, alegre e sorridente.

E ela estava tão alegre e feliz que começou a dançar para Oxalá a dança do tempo que, segundo o Orixá mais bem informado da criação, mas o mais indiscreto também, e que é justamente Exu (o único que, mesmo sem olhar, tudo vê e que, mesmo sem ver, tudo sabe), é a mais imaginosa das danças. E que, de tão imaginosa, nos faz pensar no inimaginado.

E Logunan tanto dançou sua dança do tempo para Oxalá que ele pensou o inimaginado por ele até então: um Orixá que dançasse com Logunan a sua dança do tempo!

E Oxalá pensou esse Orixá! E, enquanto Logunan dançava sua dança, ele introduziu sua chave-mestra na concha geradora do tempo dela e depositou nela o seu pensamento, que logo amadureceu e fez surgir Oxaguiã, que é um Oxalá gerado na concha de Logunan, a Orixá geradora do Tempo!

E Oxaguiã, por não ter sido gerado na morada interior de Olodumaré e sim na exterior, foi chamado de Orixá gerado no meio.

Mas porque foi gerado na concha geradora do tempo de Logunan, mas foi pensado por Oxalá, foi chamado de Orixá gerado no meio, mas iniciado na origem dos tempos.

E dali em diante, sempre que um pai Orixá precisa de um auxiliar, que tenha em si tudo o que ele tem, para auxiliá-lo na administração dos seus domínios na morada exterior, vai até Logunan, que dança para ele sua dança do tempo, abre sua concha geradora e recebe nela o seu pensamento, que logo se torna real e dá origem a um novo Orixá filho, com todas as qualidades do seu genitor divino.

Inclusive, traz em si a divindade do pai e é o único que, sem ser o seu pai, o manifesta de si e manifesta o que o seu pai pensou para ele manifestar.

Esses são os gerados no meio, mas que são iniciados na origem, pois a concha de Logunan é um mistério em si mesma e, se tem sua abertura voltada para a morada exterior, no entanto, seu outro lado está ligado à morada interior e abre-se para ela, pois essa abertura para o interior é usada por Olodumaré para enviar para sua morada exterior tudo o que se faz necessário existir nela a cada instante da criação.

Segundo o que esse Orixá indiscreto revelou por aí afora, Logunan é a única mãe geradora que tem na frente da sua concha do tempo tudo o que existe na morada exterior; e tem por trás dela tudo o que existe na morada interior, sendo um vaso-comunicador entre o interior e o exterior, da criação e vice-versa.

Irmãos umbandistas, vocês viram e entenderam agora por que dizemos que a mãe Orixá que denominamos por Logunan não é Iansã, e que esta não é ela, mas, sim, é a guardiã dos fenômenos climáticos?

Se nos faltava um nome yorubano para ela, que não foi humanizada em solo nigeriano, no entanto, não nos falta o conhecimento sobre o seu mistério divino e suas funções na criação.

Nós demos aqui, neste livro, um nome a ela: Logunan!

E revelamos que ela é a mãe divina do também divino Oxaguiã, que é fruto do pensamento de Oxalá e da imaginação dela, que o havia imaginado como uma multiplicação que tivesse a força e o poder dele e tivesse a sua agilidade.

Por isso Oxaguiã é forte, poderoso e ágil, e é o único Orixá que consegue dançar a dança do tempo de Logunan sem nunca se cansar.

Oxaguiã é o único Orixá masculino que dança a dança de todas as mães Orixás sem nunca se cansar, porque é fruto da dança de Logunan, que o recebeu como um pensamento de Oxalá e o gerou sem parar de dançar para aquele que o pensou.

Oxaguiã é o único que, por poder dançar o tempo todo sem se cansar, dança com elas até se cansarem e pararem de dançar suas danças geracionistas.

Sim, pois quando elas recebem uma criação, dançam suas danças geracionistas e agitam suas conchas da vida até que a tenham gerado, só deixando de agitá-las quando estão prontas para ser exteriorizadas e incorporadas às coisas existentes na morada exterior de Olodumaré.

Segundo uma inconfidência de Exu (o mais bem informado dos Orixás, mas ao mesmo tempo o mais indiscreto de todos), os seres divinos bíblicos são frutos do pensamento de outros Orixás depositados na concha do tempo de Logunan.

– Os anjos são frutos do pensamento de Oxaguiã depositados na concha de Logunan!

– Os arcanjos são frutos do pensamento de Ogum depositados na concha de Logunan!

– Os querubins são frutos do pensamento de Oxumaré depositados na concha de Logunan!

– As potências são frutos do pensamento de Xangô depositados na concha de Logunan!

– As potestades são frutos do pensamento de Obaluaiê depositados na concha de Logunan!

– As dominações são frutos do pensamento de Omolu depositados na concha de Logunan!

– Os serafins são frutos do pensamento de Oxóssi depositados na concha de Logunan!

– Os gênios são frutos do pensamento de Orumilá depositados na concha de Logunan!

Segundo Exu, isso é tão certo como só ele é o que é: – Exu, o mais bem informado dos Orixás sobre o que existe na morada exterior de Olodumaré (o mundo manifestado), e isso desde o tempo em que o tempo ainda não existia nela, porque Logunan, a Orixá geradora do tempo, ainda só existia na mente e na imaginação do Divino Criador Olodumaré.

Bem, após essa lenda de Logunan, cremos que podemos, finalmente, ensinar como fazer uma única consagração na irradiação de Logunan.

Então, vamos a ela?

Para Logunan só se consagra uma única vez os objetos para uso pessoal, para assentamentos ou para entronização (colocação em um altar).

Sua consagração deve ser feita em campo aberto neutro (o espaço de Oxalá) ou no campo vibratório de algum outro Orixá.

Geralmente, se um médium é filho de Iemanjá, o ideal é fazer a sua consagração de frente para o mar. Se é filho de Oxóssi, deve procurar uma clareira em um bosque ou nas florestas. Se é filho de Xangô, deve procurar um espaço aberto no pé de uma serra, montanha ou montes. Se é filho de Oxum, deve procurar um espaço aberto às margens de um rio. E assim, sucessivamente, com cada Orixá, certo?

Bem, já mostramos os locais. Agora, vamos à oração consagratória na irradiação de Logunan.

Oração Consagratória a Logunan

– Logunan, senhora do axé temporizador e mãe geradora do tempo, eu a evoco em nome do nosso Divino Criador Olodumaré e clamo-lhe que consagres esse meu (citar o nome do objeto) na irradiação divina da sua vibração geradora do tempo para a vida, minha mãe.

Amém!

Itens usados na consagração:
a) 13 pedaços de bambu, não muito grosso.
b) folhas de marmeleiro (o marmeleiro é a fruta de Logunan) ou de pitangueira (a pitanga é a segunda fruta dela) para forrar o solo dentro do círculo que formarão os 13 pedaços de bambu que serão fincados na terra.
c) um pano branco para estender por cima do círculo de bambu, cobrindo-os até o solo.
d) 13 velas brancas acesas e firmadas no lado de dentro do círculo de bambus.
e) 13 velas pretas firmadas do lado de fora do círculo de bambus (e afastadas da barra do pano branco para não queimá-lo).
f) 13 cabaças pequenas furadas nas cabeças e penduradas nas pontas dos bambus, mas por cima e por fora do pano branco. Dentro das cabaças deve-se pôr água.
g) pó de pemba branca para ser espalhado sobre o pano e em volta do círculo de bambus e das velas pretas.

Obs.: O objeto após ser apresentado deve ser colocado dentro do círculo de bambus e deixado ali por 30 minutos após a oração consagratória.

Apresentação do objeto a ser consagrado ou sua reapresentação

1º) Pegar o objeto com as duas mãos em concha ou com a mão direita, segurando-o por cima, e com a mão esquerda, segurando-o por baixo.

2º) Levemente curvado para a frente, partir de um ponto e dar uma volta à esquerda e outra à direita do círculo de bambus, apresentando-o a todas as forças e poderes do tempo (13 forças e 13 poderes).

Obs.: Essas duas voltas devem ser dadas com a pessoa girando sobre si mesma enquanto as percorre. E assim que acabar de dar a primeira, em sentido horário, se ajoelhará, encostará o objeto no solo, a saudará (olha o Tempo, minha mãe!) e tornará a se levantar rapidamente, iniciando a segunda volta, já em sentido anti-horário, para a seguir banhá-lo, espalhar pó de pemba branca sobre ele e colocá-lo dentro do círculo, passando-o por baixo da barra do tecido.

Entrada no centro-neutro de Logunan

a) Escolha o local ideal.

b) Deixe suas coisas e ajoelhe-se de frente para o ponto escolhido para fincar os bambus em círculo e bata palmas (3x3), pedindo-lhe licença para avançar até seu centro-neutro.

c) Avance 13 passos, com o pé direito, para entrar (e recue 13 passos, com o pé esquerdo, para sair).

d) Para entrar, a cada passo, vá curvando-se até que no último esteja todo curvado. Para sair, comece todo curvado e, à medida que for dando os passos para trás, com o pé esquerdo, vá se levantando até que, no último passo, estará totalmente ereto.

e) Tanto ao entrar como ao chegar ao seu centro-neutro, antes de qualquer coisa, deve saudá-la (olha o Tempo, minha mãe!) e pedir sua bênção e sua licença (para entrar e para circular livremente e firmar seu círculo consagratório). Assim como devem fazê-lo antes de iniciar sua saída e após o 13º passo para trás, com o pé esquerdo.

Sua bênção, sua licença e sua saudação devem ser pedidas e dadas com os olhos voltados para o solo, diante dos pés ou com a cabeça encostada nele.

Consagração na irradiação de Logunan

a) Chegando ao local indicado, entre no seu centro-neutro consagratório conforme foi ensinado.

b) Finque os 13 bambus em círculo, acenda e firme as 13 velas brancas e as 13 velas pretas, conforme já foi ensinado.

c) Espalhe as folhas de marmeleiro ou de pitangueira sobre o solo, dentro do círculo.

d) Cubra os bambus com um pano branco.

e) Espalhe pó de pemba branca sobre o pano e em volta do círculo consagratório.

f) Pendure as 13 cabaças nas pontas dos 13 bambus, prendendo-as com fitas brancas e pretas.

g) Apresente o objeto; banhe-o com água doce; espalhe pemba branca sobre ele; coloque-o dentro do círculo consagratório e por baixo do pano; faça a oração consagratória; aguarde 30 minutos; retire-o por baixo do pano; banhe-o com água; reapresente-o; envolva-o com um tecido branco; retire-se e só volte a descobri-lo 72 horas após tê-lo consagrado, que estará pronto para ser assentado, para ser usado ou entronado no seu altar.

Lembre-se: Umbanda tem fundamentos, é preciso prepará-los!

Um objeto consagrado na irradiação de Logunan tem um poder de realização magnífico e adquiriu funções análogas a dela.

Tenham nesses objetos poderosos recursos e sirvam-se deles para sua proteção, para seus trabalhos magísticos, para dar segurança nos seus assentamentos ou para firmar seus altares.

Logunan, que aqui revelamos por meio de uma de suas muitas lendas, não contadas até agora porque na teogonia yorubana só foram contadas lendas e orikis de Iansã, a Orixá feminina guardiã dos mistérios do Tempo que, junto com o Orixá Omolu, forma o par de Orixás que receberam diretamente de Logunan a incumbência de guardar os mistérios exteriorizados junto com ela pelo Divino Criador Olodumaré.

Mas isso já é outra lenda, que contaremos junto com a que revela como Oxalá, o mais velho dos Orixás, encantou tanto Logunan com sua maturidade que acabou encantando-se por ela.

Mas isso tudo são outras lendas, certo?

O que importa a vocês saberem é que Logunan, se não contava entre os Orixás não revelados, agora já conta, e temos muito para contar-lhes sobre a mais nova das filhas Orixás de Olodumaré, o nosso Divino Criador Olodumaré!

Inclusive, para se assentar Oxaguiã na coroa de alguém, antes deve-se lavar sete vezes sua cabeça com água de chuva durante a fase da lua nova.

E, se for assentar Oxaguiã no barracão, antes deve-se firmar Logunan do lado de fora dele (no tempo), pois ele é o único Orixá que vive o tempo todo no Tempo e que, quando "baixa" para dançar, dança a dança de Logunan, a Senhora do Tempo.

Se assentar Logunan do lado de fora, antes deve-se firmá-lo dentro dele, se não, seu assentamento estará "descoberto".

Se é que nos entendem, certo?

Considerações Finais

Irmãos(as) umbandistas, aqui neste livro há todo um formulário consagratório que, esperamos, venha a servir como manual prático ao qual recorrerão para consagrar objetos de uso mágico ou religioso.

Sabemos que, para a maioria, as consagrações parecerão difíceis ou até mesmo irrealizáveis, mas são realizáveis.

Em nenhuma delas falta fundamentos e só precisarão realizá-las para comprovar isso. Façam-nas!

Recorram a elas, pois não foram copiadas de nenhum outro formulário consagratório e, sim, desenvolvidas por espíritos mentores de Umbanda Sagrada conhecedores dos mistérios e fundamentos dos orixás, para que a vossa religião tenha, só para si, um genuíno, verdadeiro e fundamentado *Formulário de Consagrações*.

Nós sabemos que os guias espirituais têm ensinado várias fórmulas consagratórias aos seus médiuns. Mas também sabemos que são fórmulas consagratórias exteriores ou abertas. Assim como sabemos que as que aqui transmitimos são internas ou fechadas.

Recomendamos que, caso você consagre algo no poder de um Orixá, então que esse objeto seja despachado no campo vibratório dele, na Natureza, no caso de seu falecimento.

Um abraço fraterno a todos!

Rubens Saraceni

MADRAS® Editora

Para mais informações sobre a Madras Editora,
sua história no mercado editorial
e seu catálogo de títulos publicados:

Entre e cadastre-se no site:

www.madras.com.br

Para mensagens, parcerias, sugestões e dúvidas, mande-nos um e-mail:

marketing@madras.com.br

SAIBA MAIS

Saiba mais sobre nossos lançamentos,
autores e eventos seguindo-nos no facebook e twitter:

@madrased

/madraseditora